字解日本

十二岁时

[日] 茂吕美耶 著

当代中国出版社
Contemporary China Publishing House

版权合同登记号 图字：01-2021-6497

图书在版编目(CIP)数据

字解日本：十二岁时 / (日) 茂吕美耶著. -- 北京：当代中国出版社，2022.8
ISBN 978-7-5154-1173-6

Ⅰ. ①字… Ⅱ. ①茂… Ⅲ. ①风俗习惯—介绍—日本
Ⅳ. ① K893.13

中国版本图书馆 CIP 数据核字（2022）第 033833 号

出 版 人 冀祥德
责任编辑 焦晓萍 隋 丹
责任校对 贾云华
印刷监制 刘艳平
封扉设计 马 帅 鲁 娟
出版发行 当代中国出版社
地 址 北京市地安门西大街旌勇里 8 号
网 址 http://www.ddzg.net 邮箱：ddzgcbs@sina.com
邮政编码 100009
编 辑 部 （010）66572264 66572154 66572132 66572180
市 场 部 （010）66572281 66572161 66572157 83221785
印 刷 北京润田金辉印刷有限公司
开 本 880 毫米 × 1230 毫米 1/32
印 张 8 印张 插图 155 幅 169 千字
版 次 2022 年 8 月第 1 版
印 次 2022 年 8 月第 1 次印刷
定 价 68.00 元

目录

Contents

春

三月

女儿节 / 004
白色情人节 / 012
春分 / 013
毕业典礼 / 015

四月

入学典礼 / 018
花祭、佛诞节 / 022
十三参 / 024
赏樱花 / 026
黄金周 / 032

五月

八十八夜 / 036
端午节、男儿节 / 040
母亲节 / 044

夏

六月

更衣日 / 050
入梅 / 053
父亲节 / 056

七月

七夕 / 062
中元 / 068
土用丑日 / 070
纳凉 / 073
大海感恩节 / 079
暑假 / 081

八月

盂兰盆节 / 092
纳凉盆踊大会 / 099
花火大会 / 106
地藏节 / 110

秋

九月

防灾纪念日 / 118
重阳节 / 120
敬老日 / 122
中秋节 / 126
秋分 / 132

十月

体育节 / 138
赏红枫 / 142
十三夜 / 146

十一月

文化节 / 150
亥子祝 / 151
七五三 / 154
酉日集市 / 157
勤劳感谢日 / 159

冬

十二月

岁暮 / 164
冬至 / 169
圣诞节 / 171
新年贺卡 / 174
忘年会 / 178
年末大扫除 / 179
大晦日 / 181

一月

正月 / 188
元旦料理 / 196
屠苏 / 201
杂煮 / 207
元旦日出 / 210
初诣 / 212
新春开笔 / 217
初梦 / 220
七草粥 / 221
镜开仪式 / 225
成人式 / 226
小正月 / 229

二月

节分 / 232
初午祭 / 237
祭针节 / 239
建国纪念日 / 241
情人节 / 242

「春」

三月 四月 五月

三月

さんがつ / Sangatsu

女儿节

雛祭り：ひなまつり / Hinamatsuri（三月三日）

“雛祭り”（雏祭）就是女儿节，日本“五節句”（ごせっく／Gosekku，五节句）之一。五节句是指一月七日人日节、三月三日女儿节、五月五日端午、七月七日七夕、九月九日重阳，是江户时代幕府所设立的正式节日、国定假日。明治维新后，采用新历，废除所有阴历节句假日，只把五月端午定为国定假日儿童节（男儿节）。

女儿节又称“上巳”（じょうし／Zyo-shi）、“桃の節句”（もものせっく／Momo no sekku），也就是桃花节。这个节日也是传自古代中国，《论语》记载：“暮春者，春服既成，冠者

➤ 雏祭是专为女孩子办的女儿节

五六人，童子六七人，浴乎沂，风乎舞雩，咏而归。”说的正是上巳节。

千年前平安时代（へいあんじだい / Heian jidai）宫廷贵族女子之间，便有互相在纸娃娃身上换穿衣服的游戏，流传到十四、十五、十六世纪的室町时代（むろまちじだい / Muromachi jidai），才逐渐统一在阴历三月三日过节。到了江户时代（えどじだい / Edo jidai），此节日才在民间盛行，也是在江户时代，开始装饰“雛人形”（ひなにんぎょう / Hina Ningyo-，雏人偶、雏人形）。

雏人形的制作材料起初是和纸或陶土，后来演变为用白色贝壳灰画五官，再穿上衣服。雏人形摆饰共有七阶。

第一阶：“内裏雛”（だいりびな / Dairibina），分别代表天皇、皇后的男雏和女雏，背后是金屏风。

第二阶：“三人官女”（さんにんかんじょ / Sanninkanjo），代表宫廷女官，手持喜酒、祝杯、祝壶。

第三阶：“五人囃子”（ごにんばやし / Goninbayashi），即宫廷演奏队，自左而右依次是“太鼓”（たいこ / Taiko）、“大鼓”（おおつづみ / Ohtsudumi）、“小鼓”（こつづみ / Kotsudumi）、“笛”（ふえ / Fue）、“扇”（おうぎ / O-gi）。

第四阶：“随身”（ずいしん / Zuishin），两侧各是左大臣、右大臣，中间摆放料理。

第五阶：“仕丁”（しちょう / Shicho-），中央是三名仆人，左侧是橘，右侧是樱。

第六、七阶：“道具”（どうぐ / Do-gu），摆饰嫁妆、家具和牛车、轿子，等等。

▶ 雏人形总计七阶

➢ 第一阶是代表天皇、皇后内里雏的雏人形，关东地区是男左女右，关西地区是男右女左

➢ 第二阶是“三人官女”

➢ 第三阶是“五人囃子”，即宫廷演奏队

➢ 第七阶是牛车、家具等道具

关东地区和关西地区（京都）的第一阶雏人形摆饰位置相反，从正面看去，关东地区是男左女右，关西地区则是男右女左。而自古以来雏人形摆饰都是以京都式为主，关东地区是在大正天皇（たいしょうてんのう/Taisho-tenno-）以后才效仿西洋式站法的。

由于整套价格昂贵，现代有各式各样的迷你型雏人形，可以逐年添购补充。雏人形可以代代相传，有些名门世家，每年摆饰的雏坛都很壮观。祖先是诸侯大名的世家，雏人形均有几百年历史，可列为国家指定特别文物。

女儿节的应节料理是“五目ちらし寿司”（ごもくちらしずし/Gomoku chirashizushi，花寿司）、“菱餅”（ひしもち/Hishi mochi，菱形年糕）、“雛あられ”（ひなあられ/Hinaarare）、“ハマグリの吸い物”（ハマグリのすいもの/Hamaguri no Suimono，文蛤汤）、“白酒”（しろざけ/Shirozake，白色甜酒）。也有人在这天做“手毬寿司”（てまりずし/Temarizushi，手球寿司），花寿司和手球寿司都很花俏，适合女生。

由于文蛤贝壳只能是唯一的一组，只有成双的贝壳才能合起来，象征女孩子的贞操，这天喝文蛤汤，是希望女儿将来能嫁个好丈夫。文蛤贝壳内侧涂上金银绘画，可以玩一种找成对贝壳的游戏，此游戏自平安时代便有，称为“貝合わせ”（かいあわせ/Kaiawase，贝合）。看官们若到京都旅游，不妨逛一下土产店找找贝合文蛤，非常漂亮。

“雛あられ”是干燥的碎麻薯，通常用粉红、绿、黄、白四色，分别代表春、夏、秋、冬四季。关东地区是甜爆米花，关西地区则是直径一厘米左右的咸炸麻薯。这在古代是一种可携带的粮食。菱形年糕是粉红、绿、白三层的和果子，粉红表示

▶ 手球寿司

桃花，绿是草木，白是白雪，整体表现出来的意思是白雪融化，草木萌芽，桃花开了，春天即将来临。

往昔过阴历，三月刚好是桃花盛开的季节，现在以阳历为生活步调，根本不适合花开季节。三月初的关东地区仍处于寒冬时期，装饰的桃花和油菜花都是花店在温室里栽培出来的。每年碰到女儿节时，我总是觉得还是过阴历较好，至少符合大自然的花开节奏。

四月一到，关东地区到处可以看到盛开的桃花和油菜花，每次看到这种景色，往往会令我想起女儿节买的那种虚弱的桃花和油菜花，也再次深感还是过阴历比较合理。

雏人形要在三月三日前一星期装饰完毕，三月四日收拾，最迟在三月中旬之前就得收拾，否则女孩子将来会嫁不出去。除了装饰雏人形，日本各地仍有“流し雛”（ながしびな / Nagashibina）习俗，即把纸制人形搁在竹皮或稻草船上放入河流，祈求身体健康、平安无事。

最近有很多迷你型雏人形，非常可爱，有陶制也有布制，形形色色。我每年光是收集这些不同样式的迷你雏人形，就会让钱包“饿肚子”。

➢ 迷你雏人形，桃花，贝合

➢ 每年都令作者钱包“饿肚子”的迷你雏人形

白色情人节

ホワイトデー： Howaitode- / White Day（三月十四日）

男生在白色情人节这天要送回礼给在情人节送自己巧克力的女生。原本回礼是送棉花糖，后来演变为送白色糖果或白色巧克力。这个节日是日本特有的习俗，欧美诸国没有此节日。

▶ 巧克力

春分

春分の日、春のお彼岸：しゅんぶんのひ / Shunbun no hi、はるのおひがん / Haru no ohigan（三月二十一日前后一星期）

以春分为准，前后各三天，总计一星期的扫墓节。除了去扫墓，还得在“仏壇”（ぶつだん／Butsudan，供奉已故家人牌位的佛龛）摆放“供物”（くもつ／Kumotu），祭祀已故家人。

“彼岸”（ひがん／Higan）是佛教用语，意谓所有烦恼都已灭绝、身在对岸的人。生者（此岸）与死者（彼岸）之间隔着一条河川，日语称这条河川为“三途の川”（さんずのかわ／Sanzu no kawa）。而所谓“三途”（さんず／Sanzu），正是“三悪道”（さんあくどう／sanakudo-，三恶道），即“畜生”（ちくしょう／Chikusho-）道、“餓鬼”（がき／Gaki，饿鬼）道、“地獄”（じごく／Jigoku，地狱）道。

春分是国定假日，也是歌颂大自然、疼惜各种生物的日子，跟西欧国家的复活节（イースター／E-suta-，英文：Easter）类似。西欧人在复活节的习俗是制作彩蛋，日本人在这天要吃牡丹饼（ぼたもち／Botamochi），是一种将糯米和白米混合煮熟，捏成饭团，外层裹红豆泥或黄豆粉（きなこ／Kinako）的和果子。

➢ 日本人于春分要吃的牡丹饼

毕业典礼

卒業式：そつぎょうしき / Sotsugyo-shiki（三月末）

中国台湾地区唱骊歌的季节是凤凰花开之时，日本的离巢时令是春寒料峭之际。"卒業式"正是毕业典礼，高中通常在三月上旬，小学、初中在中旬，大学则在下旬举行。根据我的经验，毕业典礼比入学典礼庄重，参加典礼的父母大多穿黑色正式礼服，有洋装也有和服。日本已婚妇女的正式礼服均是黑色。

大学女子的毕业服装最豪华，穿的是"袴"（はかま / Hakama，裤裙），就是上半身是和服，下半身是宽松褶裙裤。小学生、初中生、高中生通常穿制服，学校没有制服的小学生则穿西装（下半身是短裤）、洋装。

日本的小学有各种家长必须参加的节目，不管母亲是职业女性还是家庭主妇。小学毕业典礼时，当妈妈的也得上台表演节目，进行"谢恩会"（しゃおんかい / Shaonkai，谢恩会），所以妈妈是泥菩萨过河——自身难保，根本无暇体会骊歌的悲切情怀。

不过中学的毕业典礼可就完全两样了。中学虽然也有家长观摩日、运动会等，但是家长参与的机会比起小学就较少了。我家大儿子中学毕业典礼那天，我坦然自若地参加，归程却红着双眼。更记得当时体育馆没暖气，妈妈们被冻得频频离座去找厕所。

两年后，二儿子的中学毕业典礼时，因有过一次经验，本以为历史不会重演，岂知仍是红着双眼回家。亲眼看到毕业生哭得眼皮红肿，老师也个个泪眼汪汪，来宾席上的妈妈都在皮包里找手帕，再铁石心肠的人恐怕也会陪着掉眼泪。

就我的经验来说，幼儿园的毕业典礼最豪华。不是毕业生穿着豪华，而是妈妈们花枝招展、朝气蓬勃（年轻嘛），仿佛在表演服装秀。

▶ 毕业证书

四月

しがつ / Shigatsu

入学典礼

入学式：にゅうがくしき / Nyu-gakushiki（四月初）

四月是日本新一年度的开始。大自国家政策，小自升学典礼、入学典礼、狗狗的狂犬病预防针接种都在四月齐步进行。妈妈在入学典礼时也要打扮一番，服装不必是正式礼服，一般外出穿的套装便可以。根据我近几年的观察，发现妈妈们在孩子入学典礼时穿的服装都是粉红、粉黄、粉绿的春色套装。每年四月初，在幼儿园或小学正门看到这类打扮的妈妈时，我才会惊觉又一年过去了。

大学生的妈妈在参加孩子的毕业典礼时，打扮得没参加孩子的幼儿园或小学毕业典礼时那么俏丽。我参加过儿子的大学毕业典礼及硕士班毕业典礼，因路途遥远，两次都没穿正式套装，只是打扮得比平常光鲜亮丽一些，这才发现其他许多妈妈也没穿正式礼服。或许因为大学生通常都离家到外地读书，也或许待孩子大学毕业时，妈妈头上早已长出白发，没心情打扮了。

最花钱的大概是小学毕业典礼和入学典礼。妈妈倒还无所谓，家中只要有一套黑色礼服，不管是婚礼还是葬礼都用得到，只要换首饰、皮包之类的装饰品即可。但小学生正值发育期，入学典礼时买一套西装短裤，毕业典礼时再买一套，而且通常只穿一次便无用武之地，真是浪费。像我家这种膝下只有两个彼此相差两岁的兄弟，还可以把哥哥的西装短裤留给弟弟穿，否则一套小西装贵得要命，父母不头痛才怪。所幸有亲朋好友

▶ 参加小学生的入学典礼服饰

的红包补助，这类红包不用回礼，让孩子写封道谢信就行了。

日本的学校为什么会在四月入学呢？因为樱花在四月盛开吗？当然不是，全国各地的樱花并非在同一时期盛开，入学典礼有樱花陪衬的只限关东地区。在一百五十多年前的江户时代，庶民的孩子上私塾，武士阶级子弟上藩校（相当于县立学校），没有所谓的入学典礼，一年四季三百六十五天随时都可以入学。明治维新后，日本引进西洋教育，高等教育学校在九月入学是主流。后来因富国强兵政策，自 1886 年起，政府的会计结算年度改为四月至翌年三月，陆军入伍申请也提早至四月。

高等师范学校大概深恐优秀人才都被陆军抢光，也慌忙把入学时期改在四月。两年后的 1888 年，全国师范学校都统一在四月入学。此时，各家国立大学和高等学校依旧维持九月入学制度。1919 年，高等学校改在四月入学；1921 年，国立大学最

➢ 参加幼儿园的入园礼服饰

终也更改了入学时间。

日本的四月入学制度已有百年历史，身为关东人的我还是比较喜欢樱花簌簌飞舞的四月入学制度。而且日本的入学典礼和毕业典礼均很庄严，父母都要穿正式礼服参加以示隆重，不像其他国家那般简便。

花祭、佛诞节

花祭り、灌仏会：はなまつり / Hanamatsuri、**かんぶつえ** / Kanbutsue（**四月八日**）

相传释迦牟尼出生时，即朝四方各行七步，一手指天，一手指地，说道："天上天下，唯我独尊。"（てんじょうてんげ，ゆいがどくそん / Tenjo-tenge，Yuigadokuson）后人将"唯我独尊"解释为高傲自大，目空一切，其实真正的意思是指"天上天下所有生物都是独一无二的尊贵存在"。

释迦牟尼在日本简称"釈迦"（しゃか / Shaka），口语称"お釈迦様"（おしゃかさま / Oshakasama）。在释迦牟尼诞生日这天，全日本的佛教寺院都会举行"灌仏会"，俗称"花祭"，就是在寺院内设置"花御堂"（はなみどう / Hanamido-），让参拜客在中央的释迦雕像浇三次"甘茶"（あまちゃ / Amacha，药草茶）的仪式。

"花御堂"象征释迦牟尼出生地蓝毗尼（ルンビニ / Lunbini，Lumbinī）花园，而"甘茶"则源自释迦牟尼出生时，据说有两条龙，一吐温水，一吐凉水，为他洗浴的典故。因此日本的"灌仏会"相当于中文中的"浴佛节"。

甘茶是药草茶，可以带回家喝，对糖尿病、胃肠病有益。除了甘茶，寺院内还有卖荠菜和"卯の花"（うのはな / Unohana，溲疏），前者挂在半空中可避蚊，后者用来观赏。

这一天人们通常吃绿色和果子"草团子"（くさだんご /

➢ “卯の花”（溲疏）

Kusadango），就是将“蓬”（ヨモギ / Yomogi，艾草）嫩芽煮熟磨碎，放入糯米粉中揉成汤圆，煮熟冷却再蘸红豆泥或黄豆粉吃。这有点类似中国南方的传统小吃艾糍，只是里面没有馅料而已。

十三参

十三参り：じゅうさんまいり / Ju-san mairi（四月十三日）

无论男孩还是女孩，在十三岁（满十二岁）这个年龄，精神和肉体均极为不安定，尤其是女孩子，月经初潮往往在此时来临，可以说一半是孩子，一半是女人。而就“干支”（かんし、えと／Kanshi、Eto）来说，也刚好过了一轮，所以要到神社或寺院参拜，祈求神祇赐予智慧，以便能平安度过敏感的发育期，这便是“十三参り”，又名“智恵もらい”（ちえもらい／Chiemorai，讨智慧）。

一般来说，关西人非常注重此仪式，关东人则不太重视。京都岚山（あらしやま／Arashiyama）法轮寺（ほうりんじ／Ho-rinji）正是著名的“十三参”寺院。

女孩子在这天参拜时通常穿未婚女子的正式礼服“振袖”（ふりそで／Furisode），男孩子则穿“羽織袴”（はおりはかま／Haori Hakama，男子和服上再加一件外褂和折裙裤）。

到寺院参拜后，小朋友用毛笔写一个自己喜欢的汉字，献纳给神祇。归途，直至走出神社鸟居都不能回头，否则据说神祇赐予的智慧会消失。京都法轮寺的参拜方式是过了渡月桥（とげつきょう／Togetsukyo-）之前都不能回头。

▶ 京都渡月桥

赏樱花

花見：はなみ / Hanami（四月上旬）

每逢四月，在日本搭电车时，车窗外一路都可见盛开的樱花，骑自行车到超市买菜时，马路两侧也是一整排粉红樱花，很漂亮。不用特地到山上或某某名胜地区去人挤人，稍一出家门就可赏“桜”（サクラ / Sakura，樱）。可惜樱花寿命很短。风一刮、雨一淋，便四下纷飞，毫不体恤赏花人的怜惜与哀叹。开花时，大大方方地全体绽放；落樱时，头也不回地随风而去。日本人很欣赏樱花这种武士精神。

仔细想想，日本关东地区真正的夏季顶多有两个月，因此关东人一提起“夏”（なつ / Natsu），通常带有几分憧憬更有几分雀跃。曾经有网友问：“常在日剧中看到樱花盛开时，许多人会到公园铺垫子赏花，是真是假？”又问：“樱花在日本是几月开？樱吹雪跟下雪有关吗？”

日本是竖长岛国，南北气温差距很大，所以赏樱时期也不一样。冲绳群岛的樱花大致在二月开，北海道要等到六月。关东地区通常在四月才是赏樱时期。

每逢初春，电视新闻每天会报道赏樱的最新消息，告知“桜前線”（さくらぜんせん / Sakura zensen，樱前线）目前正在何处飞舞。“桜前線”由九州南部开始盛开，自三月下旬到五月上旬一路往北海道冲锋。不过最近因为“地球温暖化”（ちきゅうおんだんか / Chikyu-ondanka，全球变暖）现象，“桜前線”

樱吹雪

变得有点复杂，不再是一条直线。

“桜吹雪”（さくらふぶき／Sakurafubuki）是樱花盛开时，小小的粉红花瓣随风满天飞舞的光景。那光景不是跟细雪纷飞时很像吗？每当我漫步在粉红花瓣翩然飞舞的樱花街道上时，总觉得如临仙境，再大的烦恼也会暂且抛在脑后。其他花木纷飞时则称为“花吹雪”（はなふぶき／Hanafubuki），这是俳句春季季语之一。

至于到公园铺垫子赏花，是真有其事。其他地区我不太清楚（据说冲绳县没有赏樱习惯），但就关东地区来讲，四月时气温乍暖还寒，常常在一两天内气温就相距十摄氏度以上。所以樱花盛开时期，若碰到天气好的周末假日，就会邀亲朋好友到公园赏花。此时，赏花的目的不仅是去看樱花而已，还包括亲睦叙旧，因此会各自带草席、便当、饮料、酒类，找个适当场

▶ 家家户户在樱花树下赏樱

所谈天说地至傍晚。

而且根据阴阳道的说法，樱花树荫是阴（いん / In），宴会是阳（よう / Yo-），阴阳和合，属吉。若以科学根据来说，樱花花粉含有磷和硫黄，对健康有益。这天，女人一大早就得准备便当，用三四个重叠的四方形“重箱”（じゅうばこ / Jubako），各自装满饭团、三明治、佐菜、水果等。中午，再于席子中央摆开各家带来的便当，大家一起用餐。

千万不能到超市买现成食物来献丑，否则，不仅是在家掌厨的你，连你的先生都会丢尽面子。在日本，妻子的表现相当于丈夫所能得到的分数，而妻子会不会掌厨，光看赏花便当便能一目了然。

公司企业或团体也会办赏花活动。从事前甄选场所、当日便当、租借卡拉 OK 音响、饮料、酒类，直至曲终人散后收拾

▷ 花见便当，饭团做成樱花形状

垃圾等善后琐事，都由当年的“幹事”（かんじ／Kanji，干事）一手包办。刚进公司的新生通常奉命一早就到现场占地，只要先铺下草席，再挂上公司名牌，留一两人看守，别人便不会来抢地盘。

我个人主观地认为，要判断一个男人能不能干，就看他能不能成功举办赏花活动。因为“忘年会”（ぼうねんかい／Bonenkai，年终联欢会）、“新年会”（しんねんかい／Shinnenkai，年初联欢会）通常只要租个场地便行，反正是室内活动，不会出什么大问题。但赏花活动是室外，条件是在樱花树下，而且是公共场所，倘若缺乏能随机应变的头脑，恐怕无法满足数十人的要求。况且大家酒一下肚，会发生什么事，谁能预知？

▶ 樱花时节，企业和学校都会来抢地盘

赏花时期称为“花見時”（はなみどき / Hanamidoki）；夜晚赏樱是“夜桜”（よざくら / Yozakura）；待樱花谢落，树枝长出嫩叶时叫“葉桜”（はざくら / Hazakura）。赏樱时吃的和果子是红、白、绿穿成一根的“花見団子”（はなみだんご / Hanamidango，赏花团子），或用樱叶裹红豆泥麻薯的“桜餅”（さくらもち / Sakuramochi）；泛舟在河川赏樱名为“花見船”（はなみぶね / Hanamibune）；宴会场地四周围起的红白帐幕叫“花見幕”（はなみまく / Hanamimaku）；而无论赏花人喝的是什么酒，通称为“花見酒”（はなみざけ / Hanamizake）。

看吧，不过是赏花而已，就有这么多跟樱花有关的名词，所以日本有句“諺”（ことわざ / Kotowaza，熟语、谚语）：“花より団子”（はなよりだんご / Hana yori Dango），意思跟中文的“醉翁之意不在酒”刚好形成对比。后者本指喝酒时意不在酒，而在寄情风花雪月，后比喻别有用心；而日本的“花より団子”（花不如团子）是讽刺人们本来目的在于赏花，却变成饮酒作乐为重，后比喻舍华求实。

▶ 花见团子

黄金周

ゴールデンウィーク：Go-ruden Wi-ku / Golden Week

（四月下旬—五月初）

黄金周简称 GW，时间在四月下旬至五月初这段时间，别称“大型連休”（おおがたれんきゅう／Ohgata Renkyu-），因为不一定只有一星期假日，若加上前后的周末周日，约有十天左右。这个词本来是电影业界的专用名词，指正月和盂兰盆节票房高涨的期间，所以日本 NHK（日本广播协会）和某些电视台都用“大型連休”来形容，而一般口语则通称“ゴールデンウィーク”。

五月三日是日本的“憲法記念日”（けんぽうきねんび／Kenpo-kinenbi，宪法纪念日）。五月四日则是“みどりの日”（みどりのひ／Midori no hi，绿之日），在这天日本所有的国立公园都免费开放，举行各种花草植物活动，让国民亲近大自然，加深绿化意识。五月五日是“こどもの日”（こどものひ／Kodomo no hi，儿童节）。而五月一日是“メーデー”（Me-de-　／英文：May Day，国际劳动节），有些公司会放假。

上述那些国定假日若碰上周末，隔周还会有个“振替休日”（ふりかえきゅうじつ／Furikae Kyu-jitsu），即补休之意，因此一般上班族可以自四月二十九日连续放假至五月六日，但是学校则按照法定假日放假，也就是说，学生在四月三十日至五月二日这三天要上学。

这期间，很多人都到国外旅游，而东北地区刚好是樱花盛开的时期，关东地区则是藤花、蔷薇等盛开的晚春时期，气温不冷不热，很适合郊游。只是，假日过后，许多大学新生和四月刚入社会的新职员很容易患上“五月病”（ごがつびょう／Gogatsubyo-），是一种无法适应新环境的忧郁症。

我在五月这段时间都乖乖待在家里赶稿，反正这期间无论到哪里，不但交通堵塞，饭店、旅馆费用也比平日昂贵，待在家里陪我家那三个万两少爷（猫儿子）玩儿比较省事。

五月

ごがつ / Gogatsu

八十八夜

八十八夜：はちじゅうはちや / Hachiju-hachiya（五月二日）

“八十八夜”指立春后第八十八天，算是初夏，俗称“八十八夜の別れ霜”（はちじゅうはちやのわかれじも／Hachiju-hachiya no wakarejimo，八十八夜别离霜），意思是四月昼夜温差很大，时常下“遲霜”（おそじも／Osojimo，晚霜），但只要过了八十八夜，气温会稳定下来，不再下霜，对农作物来说是吉日。

这天过后，日本全国各地会开始采茶，这时期采的茶叫“一番茶”（いちばんちゃ／Ichibancha），尤其在八十八夜采的“新茶”（しんちゃ／Shincha），据说喝了后可以长寿。电视节目也都会报道全国各地的采茶光景。

日本茶几乎全是“緑茶”（りょくちゃ／Ryokucha），最普遍的是“煎茶”（せんちゃ／Sencha，中级绿茶）。泡茶时先用滚烫的开水温一下“急須”（きゅうす／Kyu-su，小茶壶）和“茶碗”（ちゃわん／Chawan），再用七十摄氏度左右的开水泡一两分钟，倒茶时要全部倒光，不能让茶叶泡在茶壶内。第二次后则用滚烫开水，泡三十秒即可。总之，日本茶不能像中国茶那般长期泡在茶壶内。

“番茶”（ばんちゃ／Bancha）算是最便宜的绿茶，也就是晚茶、粗茶。最高级的是“玉露”（ぎょくろ／Gyokuro），要用六十摄氏度左右的低温开水泡，因为“玉露”有甜味，若用

▶ 煎茶送礼

▶ 绿茶

▶ 绿茶

滚烫开水泡，会泡出苦味。我平常比较喜欢喝“玄米茶”（げんまいちゃ／Genmaicha），虽然不是高级茶，但用滚烫开水冲泡时，混在茶叶中的炒熟“玄米”（げんまい／Genmai，糙米）会喷出一股香味，我很喜欢那股香味。

日本人泡茶时，若碰到“茶柱”（ちゃばしら／Chabashira，茶叶茎）在茶壶内竖起，表示那天有好事降临，也会因此而开心。虽是一种民间信仰，但茶叶茎竖起的概率确实很低，没必要嗤笑那是迷信。

各位看官往后早上喝茶看到茶叶茎竖起时，不妨相信当天肯定有好事降临，用筷子夹起那根茶叶茎放入口袋，再怀着愉快的心情出门上班，搞不好真的会福从天降。反正笑可治百病，日文有句谚语“笑う門には福来たる”（わらうかどにはふくきたる／Waraukado niwa fuku kitaru），翻译成中文是“福临笑家门”。我想，幸运女神总是跟随笑声而来的。

顺便提一下“お茶漬け”（おちゃづけ／Ochaduke），也就是茶泡饭。曾经有中国台湾的朋友误会茶泡饭只是把茶水冲在白米饭上，没什么好吃的，其实茶泡饭种类非常多，可以加“辛子明太子”（からしめんたいこ/Karashimentaiko）、不辣的“鳕子”（たらこ/Tarako，鳕鱼鱼卵）、“梅干し”（うめぼし/Umeboshi，腌梅）、“漬物”（つけもの/Tsukemono，腌菜、咸菜、酱菜）、“シャケ”（Shake，咸秋鲑）、“塩辛”（しおから/Shiokara，咸乌贼），等等。

▶ 茶泡饭

而且茶泡饭不一定非用茶水不可，汤汁也可以泡饭。夏天缺乏食欲或喝酒喝到最后想填饱肚子时，茶泡饭是最佳选择。居酒屋都有各式各样的茶泡饭，到日本来观光的旅客可以尝试一下，真的非常好吃。

端午节、男儿节

端午、子供の日：たんご / Tango、こどものひ / Kodomo no hi

（五月五日）

这天既是国定假日儿童节，也是端午节，更是为男儿庆祝的传统节日，通称“端午の節句”（たんごのせっく / Tango no Sekku）。

江户时代，有男儿的家庭都会在院子里挂上染家纹或“鐘馗”（しょうき / Sho-ki，钟馗）像旗帜，家中摆饰头盔、菖蒲长刀、刀箭、火绳枪、武将人偶，屋檐下装饰“菖蒲”（しょうぶ / Sho-bu）。

江户人挂的钟馗像旗帜源自中国民间传说故事。据说唐明皇（玄宗）于开元年间，讲武骊山，回宫后得了疟疾，卧病在床一个多月。病中某夜梦见一大鬼吃一小鬼。小鬼偷了杨贵妃的紫香袋和明皇的笛子，绕殿奔逃；大鬼戴帽袒露两臂，抓住小鬼，挖出小鬼眼珠子吃掉。大鬼自称“钟馗”，说是首应武举未中，死后决心与明皇除尽世间妖孽。明皇醒后，病竟痊愈，于是命吴道子绘巨眼、多髯、黑衣冠的钟馗像，贴于门上驱鬼，后流传于民间。

日本传统能乐也有《钟馗》这出演出节目，战国时代武将本多忠胜（ほんだただかつ / Honda Tadakatsu，1548—1610）、前田利家（まえだとしいえ / Maeda Toshiie，1538—1599）等，甚至将钟馗像当作旗号。

现代人挂的是“鯉幟”（こいのぼり / Koinobori，鲤鱼旗），表示鲤鱼跃龙门，希望儿子将来能有出息。公寓族都在阳台挂迷你鲤鱼旗。

男儿节跟女儿节一样，也要装饰人形，称为“五月人形”（ごがつにんぎょう / Gogatsu Ningyo-）。关东人这时节吃的和果子是“柏餅”（かしわもち / Kashiwa Mochi，柏饼），关西人则吃“粽”（ちまき / Chimaki）。

“柏”指的是槲树，槲树若不发嫩芽，老叶不落，在日本意味着子孙繁荣。“柏餅”是用槲树叶包麻薯的甜点，包外叶的表示里面是红豆馅，包里叶的则是味噌馅。西部地区因槲树不易入手，通常用菝葜（金刚藤、铁菱角、山归来）叶子代替。

➢ 漫天飞舞的鲤鱼旗

➢ 五月人形、头盔、刀剑、火绳枪

➢ 五月人形，金太郎

夜晚人们泡“菖蒲湯”（しょうぶゆ / Sho-buyu），超市在这天都会卖一束一百五十日元的菖蒲叶，放入热水浴缸内，有

➢ 菖蒲、柏饼、粽

一股清香味，而且可以促进血液循环，也有止痛效果。菖蒲跟花菖蒲不一样，叶片笔直如剑，中文是白菖、水菖蒲。“菖蒲湯”是俳句五月季语之一。

女生可以用菖蒲叶玩占卜游戏，在叶子中央打个结，挂在屋檐下祈愿。倘若蜘蛛在叶上结网，表示愿望可以实现。不过，可千万别祈愿能瘦身或早上醒来就变成大美人之类的，我想，这类祈愿大概永远无法实现。想瘦身就少吃一点或去运动；想变成大美人，依我的看法，尽量保持心情愉快，面露笑容，那么无论老幼，每个女生都是大美人。倘若你不相信，从今天起注意观察你周遭每位女生（包括情窦未开的小女生或老态龙钟的阿嬷），我敢保证，一定可以找出令你觉得对方很美的某个瞬间表情。

母亲节

母の日：ははのひ / Haha no hi（五月第二个星期日）

虽然母亲节不是日本的传统节日，但自明治时代起便有母亲节，当时是基督教徒的惯例仪式，在日本算来也有百年历史。不过昭和时代的母亲节以当时的皇后生日为准，定在三月六日，1949 年起才仿效美国，改为五月第二个星期日。这天，子女通常都送康乃馨（カーネーション / Ka-ne-shon）给母亲，此时期是花店的旺季。

不同颜色康乃馨的“花言葉”（はなことば / Hanakotoba，花语）：红色是母爱、真实的爱、热情；粉红是感谢、温暖；白

➤ 母亲节送康乃馨

色是尊敬、纯爱；紫色是荣誉、高尚；黄色是嫉妒、爱情动摇、友情。

我不喜欢康乃馨，所以每年母亲节时，我都通过网络购物给我母亲送其他花束。而我自己，除了儿子读小学时送过红色康乃馨和啤酒罐给我，之后就从未收过两个儿子送的鲜花。这年头，养儿子很无趣，连送一束鲜花都办不到，顶多可以在当天收到一封电子信而已，内容也是无趣的“母亲节快乐”字眼。

快乐你个头，我要的是鲜花，而且最好是香喷喷、有百合女王之称的白色香水百合（カサブランカ / Kasaburanka，英文：Lilium Casa Blanca），要不然干脆来个“花より团子”，送我一盒和果子也不错啊。

附带一提，日本在法律上规定的母亲节是五月五日儿童节，法律文书字面上清清楚楚地把儿童节定为“尊重儿童人格，谋求儿童幸福，并感谢母亲之日”。

▷ 作者想要的白色香水百合

夏

六月 七月 八月

六月

ろくがつ / Rokugatsu

更衣日

更衣、衣替え：ころもがえ / Koromogae（六月一日）

狭义来说，“更衣”是指学生、公务人员、企业员工更换制服的日子。此风俗在千年前的平安时代是宫廷例行仪式，当时用阴历，定在四月初一和十月初一。帮天皇更换衣服的女官职位称为“更衣”（こうい／Ko-i），为避免误解，民间才改称“衣替え”（ころもがえ／Koromogae）。明治时代采用阳历，更衣日也改为阳历六月一日和十月一日。

广义来说，六月一日这一天，人们要将家中所有装饰品都换为夏季用品，例如“座布団”（ざぶとん／Zabuton，坐垫）、“寝具”（しんぐ／Shingu，棉被、被单之类）、“履物”（はきもの／Hakimono，室内拖鞋或凉鞋）、“敷物”（しきもの／Shikimono，地毯之类）、“暖簾”（のれん／Noren，布帘）、“カーテン”（Ka-ten，窗帘），等等。

光换这些，室内便可以焕然一新，准备迎接夏季。衣橱内的冬服全收藏在衣箱内，存进“押入れ”（おしいれ／Oshiire，壁橱）内，再挂上夏服。

初次到日本旅居的外国人，碰上这两天，都会觉得莫名其妙。在外国人看来，明明大家昨天都还穿着冬服，怎么今早搭电车时，整个车厢内的乘客服装都变了？不管当天是不是还冷得必须加外套，或热得其实穿短袖比较适合，行政机关、银行、企业、百货公司的员工也在同一天换穿夏季制服。

将家中所有装饰都换季，可以焕然一新

当然这并非日本人死脑筋，而是延续了千年以上的习俗，既改不掉也没必要废除。像日本这种四季分明的国家，服装与室内装饰随着大自然换季，其实也是理所当然。

入梅

入梅：にゅうばい / nyu-bai（六月十一日左右）

一般口语称“入梅”为“梅雨入り”（つゆいり / Tsuyuiri），“出梅”（しゅつばい / Shutsubai）为“梅雨明け”（つゆあけ / Tsuyuake）。冲绳县在五月上旬便入梅，六月下旬出梅；关东地区是六月中旬入梅，七月下旬出梅。只有北海道没有“雨季”（うき / Uki）。

梅雨跟樱花一样也有前线，称为“梅雨前線”（ばいうぜんせん / Baiuzensen，梅雨前线），自西往东移。梅雨期间，碰到连续几天都是晴天时，叫“梅雨の中休み”（つゆのなかやすみ / Tsuyu no nakayasumi，梅雨歇止期）；晴天是“梅雨晴れ”（つゆばれ / Tsuyubare）；气温骤降时称“梅雨冷”（つゆびえ / Tsuyubie）；而雨季期间不下雨叫“空梅雨”（からつゆ / Karatsuyu），会导致缺水。出梅日期较晚当年很可能成为“冷夏”（れいか / Reika），冷夏会影响农作物收成，蔬果类都会涨价。

日本原产的雨季代表性植物是绣球花（アジサイ / Ajisai）。以前曾读过一篇以绣球花花色为破案关键的短篇推理小说，由于绣球花花色可随土壤的 pH 值变色，而凶手家的绣球花正因为变了花色，才让办案人员找到埋尸所在。这篇小说令我印象深刻，害我每次看到绣球花，总会怀疑树根底下是不是埋有尸体。

就个人喜好来说，我很喜欢雨天。碰到梅雨期，我通常会

➢ 绣球花

➢ 作者用来逗猫儿子的晴天娃娃

打开二楼房间的窗户，听着窗外淅沥的雨声对着计算机打字写稿，一转头，便可以望见隔着邻家屋顶随风摇曳的树林枝头。

有时心血来潮，用白布做了一大堆祈祷晴天的“てるてる坊主”（てるてるぼうず／Teruterubo-zu，晴天娃娃）人形，排排站地挂在窗口，再看着三只猫儿子为了抓那些人形，争先恐后地表演跳跃比赛，时常看得我呵呵笑。

据说晴天娃娃风俗也是传自中国，明代《帝京景物略》载：“凡岁时不雨……小儿塑泥龙，张纸旗，击鼓金，焚香各龙王庙……雨久，以白纸作妇人首，剪红绿纸衣之，以笤帚苗缚小帚，令携之，竿悬檐际，曰扫晴娘。”

只是，我在网络上查出《帝京景物略》刊印于明崇祯八年（1635 年），而日本平安时代古籍《蜻蛉日记》（かげろうにっき／Kagero-nikki）已有类似晴天娃娃的描述。《蜻蛉日记》成书于 975 年。如此看来，即便是传自中国，时代应该更早。

日本的晴天娃娃是男儿，非女儿。我做晴天娃娃的目的也不是真心想祈祷上天能放晴，完全是逗猫儿子玩。不过，倘若连续下一个星期雨，我家冰箱就会闹空城计，造成“猫娘”于下雨天没饭吃的悲惨结果。

父亲节

父の日：ちちのひ / Chichi no hi（六月第三个星期日）

母亲节送康乃馨，父亲节送玫瑰。美国于 1972 年将父亲节正式定为国定假日，而父亲节在日本则于 20 世纪 50 年代便广为人知，只是当时扎根程度不及母亲节。近年来，父亲节已普及各个家庭，每逢父亲节，超市和百货公司都会提前展示一大堆礼物样品，似乎在提醒消费者别忘了买礼物送给爸爸。

不过世界各国的父亲节日期都不一样，韩国是五月八日（双亲节），奥地利是六月第二个星期日，泰国是十二月五日国王生日那天，意大利和西班牙是三月十九日，澳大利亚和新西兰是九月第一个星期日，挪威、瑞典、芬兰是十一月第二个星期日……

日本有个“父亲节委员会”，提倡在父亲节送黄色缎带给父亲，因为黄色象征幸福与希望，该团体每年都会颁发黄缎带赏给当年成为热门话题的爸爸。

黄色缎带会令我想起英文歌《Tie A Yellow Ribbon Round The Ole Oak Tree》，同时也会想起山田洋次（やまだようじ／Yamada Yo-ji）导演，高仓健（たかくらけん／Takakura Ken）主演的那部经典名片《幸福の黄色いハンカチ》（しあわせのきいろいハンカチ／Shiawase no kiiroi hankachi，《幸福的黄手帕》）。

我的父亲在我读高中时便过世了，我从未在父亲节送过礼物给任何人。二十多年前，我曾写了一篇文章悼念他，却苦于无机会收录在自己的著作中。我想借此机会将这封永远无法寄

▶ 公园内的父女

出的信递送至冥府，希望父亲能收到……

父亲，您还好吗？最近心神不宁，很想再度趴在您的背上靠靠。

前几年，母亲将您的骨灰送到中国台湾台南某宗教灵堂后，弟弟跟母亲吵得天翻地覆，几乎断绝母子关系。母亲说，她无法每逢盂兰盆节同时祭奠两个先后过世的丈夫；又说，她将来也会到那灵堂去，所以让您先去等着。弟弟吵得她不耐烦，她只好用弟弟最难受的一句话顶回去：“有本事你先结婚生子，再来谈这件事！”

其实，送您过去之前，母亲跟我商量过。身为女儿的我，哪能表示意见？只是单纯地认为这样以后又多出一个回台的理由，于是便答应了。弟弟也是没经过深思熟虑就点头，事后才反悔：语言不通，父亲不是会过得更寂寞？何况宗教不同！

父亲，您投胎转世了吗？在我周遭，我寻不到您的影子。

母亲常说，您生前不顾家，是个自私的男人。不过，我知道您把朋友摆第一，其次才是家庭。母亲脾气火暴，您却沉默寡言，为何会结为夫妻？对身为孩子的我们来说，这是个永远解不开的谜。

每次出海回来在家休息时，您时常心血来潮地张开双臂，要孩子抓在手臂上荡来荡去，看看我们体重增加了没有；更时常在午夜难耐孤寂，煮一锅海鲜稀饭，叫醒孩子。孩子叫不醒时，您就把风油精抹在孩子鼻下。这招非常有效。每年在您的忌日，我同弟弟一起烧香喝酒，这些往事总会成为我们姐弟俩的下酒菜。妹妹对您的记忆不多，通常只能在一旁听得津津有味。

父亲，如果您还没投胎转世，等等我，好吗？

小时候，每次您带我们到庙口吃饺子或看电影，出门前，我总要先检查一下您的服装，再帮您把衬衫扣子重新扣好。因为您每次都会扣错。没有零用钱到租书店看漫画时，我总是习惯趴在您背上，再悄悄在您耳畔撒娇说："父亲，要不要买米酒？"因为我可以得到买米酒时找回的五毛钱。

……

升高中后，有一次我做消夜，不小心将热油泼到手上。那时，您跑到街头，沿街大力敲击每家药房的百叶窗。两个小时后，您才买到药回来，帮我擦药，并小心翼翼为我缠上绷带。

所以，父亲，如果您还没投胎转世，等等我……

父亲，台湾大拜拜时，您有吃到盛餐吗？

犹记得，母亲吵着要跟您离婚时，您的条件只有一个：“我要 Miya。”可是母亲也不放我走，于是，你们成了貌合神离的夫妻。到了这个年纪，我非常明白，男女可以在一夜之间结为夫妻，却很难夜夜都相亲相爱这个道理。因此，我不会怪您没经营好一个幸福的家庭。

二十岁时，我放弃学业，毅然嫁给一个大我十一岁的男人，母亲当时只是说：“要是你父亲还在，一定会将他揍死！”三十岁过后，我将丈夫拱手让给第三者，母亲仍是那句话：“要是你父亲还在，就算他有几条命，肯定也活不了！”我也认为母亲说得很对。

父亲，我这生最大的遗憾，就是从未跟您相向把盏过。所幸，父亲，您生前最大的幸福，正是在我还未为了别的男人心荡神驰之际，您就走了。

父亲，女儿想您，在鬼月的深夜。

➤ 作者献给亡父的花束

七月

しちがつ / Shichigatsu

七夕

七夕：たなばた / Tanabata（七月七日）

七夕念成“たなばた／Tanabata”，语源来自织女织布的“棚機”（たなばた／Tanabata，织布机）。往昔都在阴历举行（阳历八月中旬），可以看到清澈的上弦月夜空，如今日本大部分地区所有节日均采用阳历，关东地区七月正逢梅雨期，能看到“天の川”（あまのがわ／Amanogawa，银河）的概率较低。而七夕那天下的雨称为“催涙雨”（さいるいう／Sairuiu，催泪雨）或“洒涙雨”（さいるいう／Sairuiu，洒泪雨），意谓牛郎与织女相逢时流的泪水。

牵牛星的日语是“彦星”（ひこぼし／Hikoboshi），织女则为“織姫”（おりひめ／Orihime）。源起于中国汉代的牛郎织女悲恋传说，7 世纪通过遣唐使传入日本，与日本固有的各种织女传说结合，成为宫廷例行仪式，江户时代才扩展为民间祭典。

7 世纪后半叶至 8 世纪后半叶编纂成的日本现存最早的和歌集《万叶集》（まんようしゅう／Manyo-shu-）卷十中，有两首著名的七夕和歌：

織女（たなばた）の
今夜（こよひ）逢（あ）ひなば
常（つね）のごと

明日（あす）を隔（へだ）てて
年（とし）は長（なが）けむ
（织女今宵会，相逢事不常，明朝离别后，相隔一年长。）

天漢（あまのがわ）
楫（かぢ）の音（おと）聞（きこ）ゆ
彦星（ひこほし）と
織女（たなばたつめ）と
今夕（こよひ）逢（あふ）らしも
（桨击银河水，闻声恋意浓，牛郎同织女，今夕喜相逢。）

成书于 905 年的《古今和歌集》（こきんわかしゅう／Kokinwakashu-）也有不少歌颂牛郎织女的和歌。

序文书写于 751 年，日本现存最早的日本汉诗集《怀风藻》（かいふうそう／Kaifu-so-），更有许多原创日本汉诗，举例如下。

圣武天皇时代大学头山田三方，官位从五品下，《七夕》:

金汉星榆冷，
银河月桂秋。
灵姿理云鬓，
仙驾度潢流。
窈窕鸣衣玉，
玲珑映彩舟。
所悲明日夜，
谁慰别离忧。

官位从五品下，吉智首所作的《七夕》：

冉冉逝不留，
时节忽惊秋。
菊风披夕雾，
桂月照兰洲。
仙车渡鹊桥，
神驾越清流。
天庭陈相喜，
华阁释离愁。
河横天欲曙，
更叹后期悠。

日本学问之神菅原道真（すがわらのみちざね / Sugawara no Michizane，845—903）亦有一首原创汉诗《七月七日，代牛女惜晓更，各分一字》：

年不再秋夜五更，
料知灵配晓来情。
露应别泪珠空落，
云是残妆髻未成。
恐结桥思伤鹊翅，
嫌催驾欲哑鸡声。
相逢相失间分寸，
三十六旬一水程。

其他如《枕草子》(まくらのそうし / Makura no so-shi)、《紫式部日记》(むらさきしきぶにっき / Murasakishikibu nikki)、《源氏物语》(げんじものがたり / Genjimonogatari) 等古籍中均有提到七夕。

17 世纪江户时代，过七夕节的方式是在供奉台上搁置七个砚台，祈求孩子学业有成，再将瓜或鲍切成七片各放在七个盘子里，然后点上七盏灯笼。私塾孩童必须写俳句诗笺，老师再依成绩顺序由上至下将俳句诗笺系于七夕竹上，这算是一种期末考。

昭和三〇年代（20 世纪 50 年代）之前，日本各个家庭在七夕节这天，通常以凝聚在树叶上的朝露磨墨，把愿望写在“短冊”（たんざく / Tanzaku，长条诗笺或五色纸条）上，再将

▶ 七夕时也吃五目散寿司

纸条挂在“笹竹”（ささたけ／Sasatake，矮竹）上并装饰于屋内，最后放入河川或大海。

现代因住房原因，在自家装饰竹叶的家庭比较少见，但学校、超市、百货公司、商业街等都会提前装饰竹叶并准备五色纸条，让孩子自由地挂上祈愿纸条。我记得我家孩子于小学、中学时，当天都会从学校带回一根挂满五颜六色纸条的竹叶，所以家中有孩子的家庭，基本上不用买竹叶回来装饰。

“五色”（ごしき／Goshiki）纸条是根据阴阳“五行”（ごぎょう／Gogyo-）之木、火、土、金、水说法，颜色分别为绿、红、黄、白、黑（或紫），五月男儿节的鲤鱼旗也用这五色。但现代七夕“短冊”已不限于这五色，各种颜色都有，也有金银“短冊”。

▷ 挂祈愿“短冊”的竹叶

竹叶装饰不仅有“短冊”，还有各式各样用“折り紙”（おりがみ／Origami）叠成的纸“鶴”（つる／Tsuru）或“輪飾り”（わかざり／Wakazari，连成一串的纸圈圈），“ランタン”（Rantan，提灯）等。

会写俳句、和歌、汉诗的“同人”（どうじん／Do-jin，志同道

合的人或同好）则在这天举行“句会”（くかい / Kukai），比赛各种诗词。七夕和阴历八月十五的中秋节都是文人同好相聚的佳日。

就祭典来说，号称东北四大祭之一的“仙台七夕”（せんだいたなばた / Sendai Tanabata）是全日本最有名的七夕祭典，此祭典按阴历举行，规模非常大，有兴趣的人不妨去看看。

▷ 东北四大祭之一的仙台七夕

中元

お中元：おちゅうげん / Ochu-gen（七月初—十五日）

中元本为道教习俗的三元之一，阴历正月十五为上元，七月十五为中元，十月十五为下元。上元祭拜福神天官；中元是人类赎罪日，必须整天焚火祭拜地官；下元则祭拜防灾水官。后来中元和佛教的盂兰盆会结合，成为祭祖、扫墓，焚火为亡者照归家路、超度的日子。

江户时代由于亲朋好友在这期间可以团聚，遂演变成送礼品给对方的习俗。如今，日本大部分地区的盂兰盆会已改在八月，“中元”（ちゅうげん / Chu-gen）早已成为纯粹送礼习俗的代名词。

日本百货公司有两大礼品商战（しょうせん / Sho-sen）时期，正是夏天的“中元”和年底的“お歳暮”（おせいぼ / Oseibo）。中元赠礼时期通常在十五日之前寄出，排行前五名的商品是“商品券”（しょうひんけん / Sho-hinken）、“ビール券”（ビールけん / Bi-ruken，啤酒券）、“洗剤”（せんざい / Senzai，洗衣粉之类的）、“コーヒー”（Ko-hi-，咖啡）、“産直生鮮食品”（さんちょくせいせんしょくひん / Sanchoku seisen syokuhin，产地直销生鲜食品）。

个人赠礼对象是公司上司或与工作有关的长辈，总之是平日照料你的人。而以公司名义赠礼的对象通常是客户或交易户。万一错过这时期，就变成“暑中見舞い”（しょちゅうみまい /

▶ 中元送礼

Shochu-mimai，暑期问候)，过了立秋是“残暑見舞い”(ざんしょみまい / Zansho mimai，残暑问候)。亲朋好友之间寄一张明信片即可。

土用丑日

土用の丑の日：どようのうしのひ / Doyo-no Ushinohi

（七月中旬—下旬）

“土用”（どよう／Doyo-）是“五行思想”（ごぎょうしそう／Gogyo-shiso-）的四季用词。春天属木，夏天属火，秋天属金，冬天属水，四季有四行，但四季之间有过渡期，便是“土旺用事”，简称“土用”。

以日期来算，“土用”是立春、立夏、立秋、立冬前

▶ 土用丑日便当

的各十八天。日本过的是立秋前的“丑の日”（うしのひ／Ushinohi）。而跨入“土用”期的第三天就称为“土用三郎”（どようさぶろう／Doyo-saburo-）。

这天要吃鳗鱼，特别称为“土用鰻”（どよううなぎ／Doyo-unagi），这是俳句夏季季语之一。鳗鱼富有维生素B、高级蛋白质，且易消化，可以减消炎夏食欲不振症状，简单来说就是补充营养。七月二十三日左右是“大暑”（たいしょ／Taisho），一年之中最热的时期，“土用”正处于这时期。

即便不知道哪天是丑日，超市也会主动贴出纸条告知消费者“今天要吃鳗鱼”。我通常都是到超市买菜时才发现当天要吃鳗鱼，虽然平日超市也卖蒲烧鳗鱼，但“土用丑日”可以买到高级国产品。总之，国产鳗鱼价格比进口鳗鱼贵很多，只是就安全性来说，我还是宁愿吃国产鳗鱼。

买了蒲烧鳗鱼，回家后用“電子レンジ”（でんしレンジ／Denshirenji，微波炉）“チンする”（ちんする／Chinsuru，热一下之意），切成碎片，搁在热饭上，再撒些葱花、芝麻、紫菜，敢吃“わさび”（Wasabi，山葵泥）的人可以放一点有辣味，最

▶ 土用丑日吃烤鳗鱼

后浇上热茶，盖上盖子闷一会儿，就成为“ウナ茶”（ウナちゃ／Unacha），也就是蒲烧鳗鱼茶泡饭。各位看官不妨试试，尤其是嫌鳗鱼盖饭甜味太浓的人，用这种方式可以冲淡甜味，我个人认为非常好吃。

晚饭吃“ウナ茶”，睡前再泡个放入香草、药草、香精的“丑湯”（うしゆ／Ushiyu），身心爽快，祛暑消热，保证能一觉好眠到天亮。

纳凉

夕涼み：ゆうすずみ / Yu-suzumi（七月—八月）

“夕涼み”是纳凉之意。日本关东地区夏季期间虽然很短，但高温多湿，在往昔没有空调和电风扇的时代，日本人都会使用各种道具营造“涼感”（りょうかん / Ryo-kan，凉意）。我在日本住了三十多年，最佩服的正是日本人这种四季营造能力。无论室内还是室外，都会按大自然四季演变而改头换面。例如我家玄关，几乎每季都会换装，不会一年四季都是老面孔。

京都人在这点做得最彻底。每逢夏季，屋内纸门和纸格子窗全换成夏季用的“簾户”（すど / Sudo）、“御簾”（みす / Misu），二者都是用竹帘、芦苇制成的门窗。玻璃窗外则斜斜搁着“よしず”（Yoshizu，苇帘），窗帘换成“すだれ”（Sudare，竹帘、苇帘），再卸下房间与房间之间的纸门，挂上布帘，既通风又有凉意。

身在“水泥沙漠”的东京公寓族就没福气享受这种闲情逸致了，但在某些“下町”（したまち / Shitamachi）仍可看到此风光。而同样住在都市区，我住的是独门独院的住宅区。在这种住宅区内，到处可见竹帘、苇帘之类的夏季景色。大型日常用品商店每逢夏季也会陈设各种夏季日用品，例如“風鈴”（ふうりん / Fu-rin，风铃）、“釣忍”（つりしのぶ / Tsurishinobu）、竹帘、苇帘等。

➢ 京都人用的帘户

▶ 东京下町的夏日风情

▶ 江户人创出的“钓忍”

“钓忍”是一种以竹子或“いぐさ”（Igusa，灯芯草）为芯，四周缠着苔藓和羊齿类植物，制成各种形状吊在屋檐或阳台的装饰，有些“钓忍”底下还挂着风铃，极为雅致。这不是现代人发明的，而是几百年前的江户园艺职人的创作。“钓忍”的“忍”（しのぶ／Shinobu）是没有泥土也能忍耐酷热之意。

我家儿子还在读小学时，每逢夏季假日，住宅区内家家都会在玄关门外搁一个塑胶制小游泳池，并约定时间让每家小孩同时出来泡凉水、玩水枪，现场都会留一位妈妈当监护人，以防发生意外。整条巷子排满了小游泳池，小朋友们吵得要死，不过反正是町内例行公事，没人会抗议。通常这类住宅区的巷子都是“私道”（しどう／Shido-，私有道路），买房子时会附带巷子地皮权，除了该住宅区居民或邮局、宅急便等车辆，否则不准外人随意开车进来。

玄关鞋柜上搁一个金鱼缸也能营造凉意，室内“座布团”换成草垫，连室内“スリッパ”（Surippa，拖鞋）也改为灯芯草或芦苇制拖鞋，再随处搁几把免费团扇，便可以过着舒适的凉夏日子。

▶ 玄关前搁盆金鱼缸也能营造凉意

京都人于夏季时会在鸭川河面铺上木板床，称为“川床”（かわどこ／Kawadoko），供市民或游客坐在木板床上吃饭纳凉，这是自江户时代便存在的活动，也是京都夏季风光之一。

大阪天满宫会于七月二十四日、二十五日举行大规模的天神祭（てんじんまつり／Tenjin matsuri），是纪念菅原道真忌辰的祭典，也是日本三大祭之一。傍晚起在大川河面进行，可以观看各式各样的灯火船，非常壮观。

江户风俗作家冈本绮堂（おかもときどう／Okamoto Kido-, 1872—1939），于1922年发表的随笔《昔日东京的夏天》中，有一段描写明治二十年（1887年）左右，东京人在夏天傍晚洒水的情景：

日头下山后，家家户户会开始洒水。现今当然也会，不过当时几乎家家户户同时出来洒水，路上会热闹一阵子。

商家掌柜、小学徒都打赤脚跑出来，身上只穿一件手巾缝制内衣。小铺子的年轻女孩也裹着手巾、赤足提着水桶走。屋敷町（江户时代是旗本宅邸区，明治时代为文人、知识分子聚集区）那种地区，则连书生和马夫、私人车夫全体出动。

小男孩半好玩地夹在之间喧闹。不仅喧闹而已，还拿水枪乱射，洒水时刻若走在路上，有时会不小心让绫罗外褂袖子或下摆湿透。

洒水骚动告一段落安静下来，家家户户屋檐下飘起淡白驱蚊烟时，也正是乘凉长凳的世界了。

另有一段描述乘凉长凳的景色：

那时没有电车、汽车，马车和自行车也罕得通过，是不必交通管制的时代，所以日头一下山，大部分商店都习惯在店头摆出乘凉长凳。

乘凉长凳有长凳和板凳两种，乘凉长凳通常指板凳。板凳大大小小都有，普通是一张榻榻米大，四只脚可以折叠起来——简单说来，跟今日的细长饭桌类似——上面搁团扇和烟草盆，有人坐在板凳上，也有人坐在板凳一隅。左邻右舍都聚集过来，有人下棋，有人聊天，到处可听到热闹笑声，留住往昔川柳所说的“乘凉长凳又开始讲星座论”的江户情绪。

而指望乘凉长凳的热闹，沿街说唱的义太夫或新内节（二者都是净琉璃一派，新内节内容以情死故事为主），或模仿演员台词的人以及唱祭文（起初是僧侣挥舞锡杖，吹海螺唱祭文，日后演变为说唱社会大事或事件沿街乞讨）的都会聚来。若有哪一家的乘凉长凳叫了那些艺人表演，近邻自不在话下，连路过行人也会聚集过来，该地便形成一种露天演艺会。

这段描述，跟我在中国台湾地区的童年记忆很类似，只是少了沿街说唱的艺人。

大海感恩节

海の日：うみのひ / Umi no hi（七月第三个星期一）

大海感恩节为国定假日，全球只有日本以大海为对象设立假日。毕竟日本四面环海，是海洋国家，对大海表示敬意设立个国定假日也是应该的。这天全国各地都会举办与大海有关的庆祝活动。

海会令人联想到沙滩，而沙滩又会令日本人联想到“西瓜割り”（すいかわり / Suikawari），这是一种在沙滩玩打西瓜的游戏。当事人用毛巾蒙住双眼，手持棒子，先在原地绕几圈，再凭借旁人的“向左、向右”等吆喝声前进，击打搁在地面距离约十米远的西瓜。大部分的日本人在幼儿园、小学时都玩过这个游戏，而且不一定得在沙滩玩，社区空地或校园、公园均可以玩。这游戏很有趣，我在育儿期间玩过无数次，却从来没击中过西瓜，是个典型的“方向痴”。

➢ 小朋友在沙滩上玩打西瓜的游戏

暑假

夏休み：なつやすみ / Natsuyasumi（七月下旬—八月末）

不用我说，看到“夏休”这两个汉字，各位看官应该猜得出正是“暑假”之意吧。我会把暑假列入这本书中，主要原因在于日本所有国民对暑假有个全民集体记忆，正是“ラジオ体

➤ 小朋友在暑假期间爱捉虫

操”（ラジオたいそう／Rajio Taiso-，广播体操）。

这最初是美国纽约大都会人寿保险公司（Metropolitan Life Insurance Company），于 1925 年 3 月为启发大众增进健康卫生思想而播放的广播节目。同年，NHK（日本广播协会，にっぽんほうそうきょうかい／Nippon Ho-so-Kyo-kai）开播无线电广播电台。

1928 年 11 月，日本中央递信省（ていしんしょう／Teisinsyo-，国家邮政局）简易保险局（今为かんぽ生命保険／かんぽせいめいほけん／Kanpo Seimei Hoken，英文通称 JP INSURANCE，汉字是“简保生命保险”，隶属邮政集团，是全球规模最大的保险公司之一），为纪念昭和天皇即位大礼，制订国民保健体操，在 NHK 电台开始播放。

据说第一届播音员是一位退役军人，本来只穿一件内裤在麦克风前一、二、三、四地做体操，后来得知昭和天皇第一皇女东久迩成子（ひがしくにしげこ／Higashikuni Shigeko，1925—1961）也在学习广播体操，便改穿燕尾服、打蝴蝶结领带在麦克风前做体操。

日本内地则于 1930 年起以“儿童早起大会”名义将广播体操对象扩展至儿童。战前的广播体操时间是早上七点，但战后自 1946 年至 1951 年在美国占领军总司令部指导之下，中断了此项国民健身活动。直至 1952 年日本政府恢复主权，才重新制订广播体操，时间也改在早上六点半至六点四十分。学校与职场的体操时间是在朝会时的八点四十分至八点五十分。之后，1957 年开始实施电视体操。

暑假期间的巡回广播体操于 1953 年实施，眨眼间便广传全日本。21 世纪的今日，日本小学生每逢暑假期间，仍得在六点半之前赶到住家附近的公园或神社，随着录音机播放的音乐跟着监视员做体操。天数因地而异，都市区最短是两个星期，有些地区则长达一个月。

监视员通常是同一个社区内的妈妈，也就是当年担任“町内会”（ちょうないかい / Chonaikai，町自治会）或“子供会”（こどもかい / Kodomokai，儿童会）干部的妈妈。

我也曾当过数次监视员，任职期间要准备糖果饼干（费用由町内会负担），每天早上六点半之前就要在集合会场等孩子陆续前来，先点名整队，之后发口令在众孩子面前示范做早操。早操结束后再发糖果饼干给孩子，并在每个孩子的早操卡上盖章，以证明该儿童确实参加了当日的早操。最后一天再准备“皆勤賞”（かいきんしょう / Kaikinsho-，全勤奖）奖品，发给从未缺席且参加完暑期早操的孩子，奖品通常是五百或一千日元的全国书店通用“図書券”（としょけん / Toshoken，图书礼券）。

这个早操卡也是学校分配的暑假作业之一，开学后要交给老师，学校再另外发奖品给得到“皆勤賞”的孩子。因此无论是出生在北海道还是南国冲绳群岛的日本人，只要一提起“暑假”，共同话题一定是暑假期间的广播体操。

既然提到暑假，我也翻译两首大部分日本人都会与暑假联想在一起的民歌。一首是吉田拓郎的《夏休み》，另一首是井上阳水的《少年时代》。

◎ 夏休み

作词、作曲、主唱：吉田拓郎

麦（むぎ）わら帽子（ぼうし）は　もうきえた
たんぼの蛙（かえる）は　もうきえた
それでも待（ま）ってる　夏休（なつやす）み
（草帽已经消失，田里青蛙已经消失，但我仍在等待暑假。）

姉（ねえ）さん先生（せんせい）　もういない
きれいな先生　もういない
それでも待ってる　夏休み
（姐姐老师已经不在了，漂亮老师已经不在了，但我仍在等待暑假。）

絵日記（えにっき）つけてた　夏休み
花火（はなび）を買（か）ってた　夏休み
指折（ゆびお）り待（ま）ってた　夏休み
（在暑假画过绘日记[①]，在暑假买过花火，掰着指头等待暑假。）

畑（はたけ）のとんぼは　どこ行った
あの時（とき）逃（に）がしてあげたのに
ひとりで待ってた　夏休み
（菜田的蜻蜓飞到哪儿了？那时明明让蜻蜓逃走，但我仍孤

---

① 绘日记就是图画日记，是日本小学生的暑假作业之一。

单一人在等待暑假。[①])

西瓜（すいか）を食（た）べてた　夏休み
水（みず）まきしたっけ　夏休み
ひまわり夕立（ゆうだ）ち　せみの声（こえ）
（在暑假吃过西瓜；在暑假也在院子花圃洒过水；向日葵，傍晚骤雨，蝉声。）

➤ 蜻蜓

➤ 草帽

◎ 少年时代

作曲：井上阳水、平井夏美　作词、主唱：井上阳水

夏（なつ）が過（す）ぎ風（かぜ）あざみ
だれの憧（あこが）れにさまよう
青空（あおぞら）に残（のこ）された

① 小朋友在暑假喜欢拿网捉蜻蜓，这句的意思是当时故意让蜻蜓飞走，不知那些蜻蜓都跑到哪里去了。

私（わたし）の心（こころ）は夏もよう

（夏天过去，风蓟[①]；徘徊在某人的憧憬中；残留在青空；我的心是夏天情景。）

夢（ゆめ）が覚（さ）め

夜（よる）の中（なか）

長（なが）い冬（ふゆ）が

窓（まど）を閉（と）じて

呼（よ）びかけたままで

夢はつまり

想（おも）い出（で）の後先（あとさき）

（梦醒了，在夜晚；漫长的冬天关闭着门窗；无论我如何呼唤；梦想只是回忆的断片。[②]）

夏祭（なつまつ）り宵（よい）かがり

胸（むね）の高鳴（たかな）りに合（あ）わせて

八月（はちがつ）は夢花火（ゆめはなび）

私の心は夏もよう

Um Um Um Um Um ～m ～

（夏祭，傍晚篝火[③]；和着内心的怦然跳动；八月是梦花火；我的心是夏天情景。）

---

① 风蓟并非花名，而是文学性的抒情描述，表示在风中摇晃的野草。

② 这段也是抒情式诗词，井上阳水自己曾说没什么深意。

③ 日本的夏天少不了夏祭，傍晚篝火是指盆踊前的灯笼亮光。

目（め）が覚（さ）めて
夢のあと
長い影（かげ）が
夜（よる）に伸（の）びて
星屑（ほしくず）の空へ
夢はつまり
想い出の後先

（睁开眼睛，梦醒后；长长的黑影在夜晚扩展；伸长至群星的天空；梦想只是回忆的断片。）

夏が過ぎ風あざみ
だれの憧れにさまよう
八月は夢花火

▷ 西瓜

➤ 向日葵

私の心は夏もよう

Um Um Um Um ～m ～

（夏天过去，风蓟；徘徊在某人的憧憬中；八月是梦花火；我的心是夏天情景。）

总之，从歌词中可以看出吉田拓郎的《夏休み》是站在小朋友的立场描述等待暑假的心情，类似童谣，朗朗上口，小学生也能跟着唱；而井上阳水的《少年时代》则是成年人对一去不复返的童年时代之伤感情怀，偏向抒情诗。这两首歌都抒发了日本人对夏季的共同情感，因此才会成为经典名曲吧。

八月

はちがつ / Hachigatsu

盂兰盆节

お盆：おぼん / Obon（八月十三—十六日）

“お盆”的正式名称是盂兰盆会（うらぼんえ／Urabon'e），但一般都简称“お盆”（おぼん／Obon），也称御盆节。这时期是日本全国大移动时期，除了从事流通工作或某些特殊职业的人，几乎全体都在移动。

有老家的回故乡，没老家或不想或因故回不了故乡的人，干脆出国度假。此时高速公路塞车五六十公里是常事，机场水泄不通也是常事。每年四月黄金周、八月御盆以及年底年初，电视新闻都会报道“帰省ラッシュ”（きせいらっしゅ／Kiseirasshu，省亲交通拥堵）状况，以便让打算回老家的人规划行程。

日本人迎接阴魂的心态与中国人有点不同。日本人的鬼节与元旦一样，气氛均静谧、庄重，因为日本人认为迎接的阴魂是自家人、祖先。对日本冥府居民来说，阎罗王一年一度的放假，是他们回家与家人重逢的日子。

在当年过世且已过七七的阴魂，第一次归家称为“初盆”（はつぼん／Hatsubon）或“新盆”（しんぼん、にいぼん、あらぼん／Shinbon、Ni-bon、Arabon），家人要特别郑重迎接，门口或坟墓前都悬挂纯白灯笼。且通常在八月十二日傍晚至十三日上午，在佛龛灵牌前献上供品，十三日傍晚再于玄关前点上盆灯笼，最后在大门口或玄关前搁一只砂锅，砂锅内燃烧麻秆，以迎接自阴间回来的阴魂。日本人称之为“迎火”（むかえび / Mukaebi）。有些地域是七月十三日进行，冲绳群岛则在阴历进行。十六日再重复一次，将阴魂送回阴间，这是“送火”（おくりび / Okuribi）。日本最有名的“送火”仪式正是每年八月十六日举行的京都“五山送り火”（ござんのおくりび / Gozan no Okuribi，五山送火）。

川端康成在《古都》中如此描述：“八月十六日的大文字是御盆节送火祭典。据说，在山上点火这习俗，是沿袭古人在夜晚送灵魂回虚空冥府时，往上空抛掷火把的旧俗而来。”

京都五山送火是在京都盆地四周山上分别用火把点燃“大”“妙”“法”三个文字，以及舟形、鸟居形火焰。第二次世界大战期间禁止送火仪式，不过那时仍让当地小学生身穿白衬衫，于早上在山上排成“大”字。“大”字第一画是八十米，第二画是一百六十米，第三画是一百二十米。

▶ 京都五山送火的“大”字

此传统仪式全靠几千名义工（包括童子军）撑持，义工在下午四点左右就要背着木柴或稻草上山，抵达山顶便马上架木材，夜晚七点举行祭祀仪式，八点之前要各就各位，光是“大”字，就有七十五处火床，六百捆薪柴，一百束松叶，一百捆稻草。

点火前，京都市内所有霓虹灯都会熄灭，而义工的点火时间虽仅有半个钟头左右，但观看者都会在火焰燃起时合掌默祷，电视台也会在现场直播或转播。

有些地域在“送火”时会将供品装在盆舟或灯笼内，点上蜡烛，放入河川大海，这叫“精霊流し”（しょうりょうながし／Shoryo-nagashi，精灵流）或“灯籠流し”（とうろうながし／To-ro-nagashi，灯笼流），相当于中国的放河灯民俗活动。

➢ 精灵流 / 灯笼流

▶ 精灵马

鬼节期间，也有人在玄关处装饰“精霊馬”（しょうりょううま / Sho-ryo-uma，精灵马），用牙签或竹子当四肢插在黄瓜和茄子上比拟为马、牛。黄瓜比作马，让阴魂快快回来之意；茄子比作牛，让阴魂慢慢回阴间之意。

冈本绮堂的《昔日东京的夏天》随笔中，另有一段描述盂兰盆草市情景：

最近行精灵祭的家庭逐渐减少，而且迎火送火时用的秋草也大多从附近蔬菜店买来，各地的草市似乎逐年凋零。不过以前的人大抵会特地出门买秋草，各地草市生意都很好。

平日看不到半棵树的市内，草市当天夜晚就化为往昔的武藏野，放眼望去到处积满了秋花秋草，而在秋草间摇来晃去的盂兰盆灯笼，看上去像在草丛中忽隐忽现，呈现某种诗意风情。只是，这光景现今只能在江户岁时记插画中看到了。

的确，现代日本的许多大都市已罕得见到草市，但东京中央区月岛西仲通商店街（通称もんじゃストリート / Monja

sutori-to），每年七月十二、十三、十四日这三天会举行“月島草市”（つきしまくさいち／Tsukishima Kusaichi，月岛草市）。这地区虽然距离银座很近，却可以享受江户时代庶民区的“下町”（したまち／Shitamachi）氛围。

一般来说，日本人每年例行的扫墓时间有三个：三月二十一日（春分）前后一星期、八月御盆节、九月二十三日（秋分）前后一星期。即便没坟墓可扫的人，老家也一定有佛龛。而所谓“老家”，是长男家或继承香火的男子家。嫁出去的女儿，按理说，应该到婆家帮忙主持此例行节日，所幸一年有三次，可以轮流到婆家、娘家过节。

提到坟墓，我想起“企業墓”（きぎょうはか／Kigyo-haka，企业墓）。众所周知，曾经支撑日本经济完成高速增长的栋梁是日式经营。而所谓日式经营是企业方面固守“年功序列”（ねんこうじょれつ／Nenko-joretsu，依入社年数与年龄每年加薪并提高职位的人事制度）与“終身雇用”（しゅうしんこよう／Shu-shin koyo-，终身雇用）习俗，员工则坚持彻底为企业竭尽忠诚的经营方式。这与江户时代武家阶级的武士与家臣，或庶

▶ 白蚁也有坟墓

▶ 养乐多公司企业墓

民阶级的主人与掌柜关系一样，两者间的羁绊并非西方社会雇主与员工那种利害关系所能比拟的。

这种日式经营的象征正是企业墓。日本一些与佛教因缘深厚的寺院灵山，例如和歌山县（わかやまけん／Wakayamaken）高野山（こうやさん／Ko-yasan）、京都比睿山（ひえいざん／Hieizan），墓地内都可寻到刻有闻名全球的国内一流企业名称的墓碑。

据说此风潮是第二次世界大战前兴起的，首倡者是松下电器产业株式会社（まつしたでんきさんぎょうかぶしきかいしゃ／Matsushita denki sangyo-kabushiki kaisha），不过松下电器于 2008 年 10 月 1 日改社名为“パナソニック株式会社”，英文是 Panasonic Corporation，集团全体员工数有三十一万余名，年度总销售额已超越九兆日元，在日本仅次于日立制作所（ひたちせいさくしょ／Hitachi seisakusho）。

第二次世界大战后，随着经济增长，企业墓的数量也逐渐增多。目前光是高野山就有百座以上，比睿山有五十座以上，其他地方更是不计其数。说是企业墓，其实不是企业的坟墓，而是“家臣”纪念碑。社员若于任职期间因故过世，名字都会刻在企业墓的墓碑上。而且企业干部会一年一度到墓地举行追悼会。这正是“企业＝家族”的思想。也正因为有这种血脉相连的团结心，日本才能荣登经济大国宝座。

遗憾的是，20 世纪 90 年代初泡沫经济崩溃后，企业缩编火舌横行全国，不少公司因倒闭而任企业墓凋零、风化，真是应了“朝荣夕灭，旦飞暮沉”这句话。

企业墓

纳凉盆踊大会

盆踊り：ぼんおどり / Bon’odori（七月—九月）

“盆踊”本来是盂兰盆节的舞蹈，现在已演变为纳凉盆踊（舞蹈）大会。通常在公园或广场中央架个“櫓”（やぐら / Yagura，高台），以“櫓”为中心往四面八方垂挂灯笼，台上有打鼓人和穿浴衣的舞者，参与者在台下随着音乐绕着高台群舞。

公园或广场四周环绕着各式各样的“屋台”（やたい / Yatai，路边摊），以及坐在草席或塑胶布上野餐的观众。观众都是当地社区居民，无论男女老幼，大部分都穿浴衣、手持团扇，可以随意加入群舞，跳累了再回到席上或去逛路边摊买吃喝零食。

➤ 夏祭期间街上时常可见这种光景

日本全国各地自七月起到处可见盆踊，据说盆踊已有五百余年历史。虽说是一种民俗艺能，但本质跟知识分子用文字记录的民间传说一样，差异在于盆踊是不识字的民众用舞蹈记录下各种传说或教训的身体语言，因此舞蹈时的动作、一举手一投足均有其意义，只是现代人已经无法阐明其含义。

跳盆踊时所唱的歌称为“音頭”（おんど／Ondo，音头），其中民谣（みんよう／Minyo-）占大部分，有长篇叙事诗，也有求情歌或安魂歌，五花八门，各异其趣。而且大部分传统音头都夹杂方言，也没有乐谱，完全靠耳闻传承，导致现代人没法逐一解释歌词意思。

目前日本全国各地举行纳凉盆踊大会时放的经典音头是《东京音头》（とうきょうおんど／To-kyo-ondo）。这是由诗人、童谣、歌谣、校歌作词家西条八十（さいじょうやそ／Saijo-Yaso,1892—1970），与童谣、歌谣、流行歌作曲家中山晋平（なかやましんぺい／Nakayama Shinpei，1887—1952）共同谱写的新民谣。

1933 年由当时的花柳界艺者歌手小呗胜太郎（こうたかつたろう／Kouta Katsutaro-，1904—1974）和民谣歌手三岛一声（みしまいっせい／Mishima Iisei）将《东京音头》录制成唱片，并意外地畅销。这首曲子不停地在收音机播出，街上留声机也夜以继日地播放，眨眼间便流行至日本全国各地。民众口中哼着歌，在街头巷尾随着歌声手舞足蹈。

之后，各町内的公园、广场、商店街街角纷纷架起不合季节的盂兰盆会高台，留声机放出《东京音头》，再由一群穿和服的“邦樂”（ほうがく／Ho-gaku，日本传统音乐）女师徒带头

▶ 盆踊会场中央的高台

▶ 盆踊会场

跳盆踊，接着是一群穿和服的“邦樂”男师徒加入圈子跳，如此一来，围观的群众也会手痒脚痒地陆续加入群舞。

当时存在着专门镇压反体制思想犯、异议分子等的秘密警察，称为“特别高等警察”（とくべつこうとうけいさつ／Tokubetsu Ko-to- Keisatsu），简称“特高”（とっこう／Tokko-）。无产阶级文学作家小林多喜二（こばやしたきじ／Kobayashi Takiji）正是在 1933 年被“特高”拷问而死的。

简单来说，当时的日本处于一种黑暗的政治环境下，而且又逢昭和经济大恐慌，人心惶惶，民不安枕，这首新民谣和疯狂似的盆踊群舞会成为国民的发泄渠道。第二次世界大战后，删去了两段赞美天皇和一段暗示男女情欲的歌词，这首民谣逐渐演变成夏季盆踊经典代表曲。而目前的盆踊跳法是在 1964 年东京奥运会时统一而成的。

日本的祭典通常在白天举行，盆踊大会却是在夜晚。每逢夏季，一到周末傍晚，只要在町内闲逛，肯定可以看到身穿浴衣手持团扇的父母带着孩子前往盆踊会场。以前家里养狗时，我会在每个周末夜晚牵着狗东奔西跑地去串盆踊会场门子。就算待在家里，也可以听到不知传自哪个公园的《东京音头》曲子。

以下是《东京音头》的歌词，跳法与曲子请大家到网络上搜寻。

はぁ 踊（おど）り踊（おど）るなら チョイト 東京音頭 ヨイヨイ

花（はな）の都（みやこ）の 花の都の真中（まんなか）

で サテ

ヤットナ ソレ ヨイヨイヨイ ヤットナ ソレ ヨイヨイヨイ

はぁ 花は上野（うえの）よ チョイト 柳（やなぎ）は銀座（ぎんざ）ヨイヨイ

月（つき）は隅田（すみだ）の 月は隅田の屋形船（やかたぶね）サテ

ヤットナ ソレ ヨイヨイヨイ ヤットナ ソレ ヨイヨイヨイ

はぁ おさななじみの チョイト 観音様（かんのんさま）は ヨイヨイ

屋根（やね）の月（つき）さえ 屋根の月さえなつかしや サテ

ヤットナ ソレ ヨイヨイヨイ ヤットナ ソレ ヨイヨイヨイ

はぁ 西（にし）に富士（ひじ）の嶺（みね）チョイト 東に筑波（つくば）ヨイヨイ

音頭とる子は 音頭とる子はまん中で サテ

ヤットナ ソレ ヨイヨイヨイ ヤットナ ソレ ヨイヨイヨイ

はぁ よせて返（かえ）して チョイト 返して寄（よ）せる ヨイヨイ

東京繁昌（とうきょうはんじょう）の 東京繁昌の人（ひと）の波（なみ）サテ

ヤットナ ソレ ヨイヨイヨイ ヤットナ ソレ ヨイヨイヨイ

第一段歌词的意思是，想跳舞的话，就跳《东京音头》，在花之首都，花之首都中央跳。

第二段歌词的意思是，花是上野，柳是银座，月亮是隅田川，月亮是隅田川的屋形船（やかたぶね / Yakatabune，有屋顶形船篷的游船）。花当然指樱花，上野公园的樱花最有名，银座的柳树街道也很有名，而想赏月的话，要到隅田川坐屋形船。

第三段讲的是浅草寺，意思是跟青梅竹马到浅草寺观看五重塔屋顶上空的月亮，连月亮也那么令人怀念往昔时光。

第四段的意思是，西方有富士山，东方有筑波山，想带头跳舞的孩子快快到中央跳。

第五段的意思是，挤过来又推回去，推回去又挤过来，热闹的东京，热闹的东京人潮。

➤ 德岛县阿波踊

近年为了让平成时代出生的年轻人也参与盆踊，又有一首平成版《大江户东京音头》(おおえどとうきょうおんど/Ohedo To-kyo-ondo)，旋律跟传统《东京音头》一样，但节奏比较快，舞步也比较复杂。

附带一提，盆踊并非只有一种跳法，名扬日本全国的德岛县(とくしまけん/Tokushimaken)“阿波踊り”(あわおどり/Awaodori)，以及冲绳县(おきなわけん/Okinawaken)的“エイサー”(Eisa-)，都是当地的盆踊传统艺能之一。前者有四百多年历史，后者有一百多年历史。

➢ 冲绳县盆踊 Eisa-

➢ 秋田县盆踊

花火大会

花火：はなび / Hanabi（七月—八月）

每年夏天，日本全国各地都有“花火大会”（はなびたいかい／Hanabi Tiakai），首创此风气的人是江户时代八代将军德川吉宗（とくがわよしむね／Tokugawa Yoshimune，1684—1751）。当时由于霍乱大流行和冷害，死了很多人，八代将军为吊祭归人，于1733年在隅田川（すみだがわ／Sumidagawa）下游举行水神祭，并举行“花火大会”，据说当时射出二十发花火。

制造花火的是“鍵屋”（かぎや／Kagiya，键屋）创始人弥兵卫（やへえ／Yahee）。他是伊贺（いが／Iga，三重县西部）“忍者”（にんじゃ／Ninja）后代，忍者本来就会用火药，他用火药发明出玩具花火，1659年自奈良（なら／Nara）到江户（えど／Edo，东京）开铺子。

起初只是在芦苇管上黏个小火药圆球而已，这是现代“線香花火”（せんこうはなび／Senko-hanabi，线香花火）的前身。1711年似乎已开发出在半空开花的花火，“幕府”（ばくふ／Bakufu）留有弥兵卫奉六代将军家宣（いえのぶ／Ienobu，1662—1712）之命射出“流星”（ながれぼし／Nagareboshi）花火的记录。

键屋的第六代老板在水神祭射出新花火后，键屋成为幕府御用商人，之后又给掌柜分字号，取名“玉屋”（たまや／

▶ 线香花火

Tamaya）。此后每年五月二十八日至八月二十八日的纳凉大会，键屋和玉屋会分别在下游和上游竞赛，因此江户人观赏花火大会时一定会大喊"键屋""玉屋"。然而玉屋在 1843 年发生火灾，被幕府赶出了江户，自那以后只剩键屋独家奋斗。

现代的花火师通常是世袭制的零星私营手工业，键屋算是现存历史最悠久的老铺子。2000 年由天野安喜子（あまのあきこ／Amano Akiko，1970 年生）"襲名"（しゅうめい／Shumei，继承师名）第十五代掌门人地位。这位第十五代继承人非常厉害，不但是首位女性掌门人，而且拥有"柔道"（じゅうどう／Ju-do-）黑带五段资格，2008 年北京奥运会时还担任男子一百公斤级柔道竞技决赛总裁判。

花火大会固然好看，学生时代的我经常跟一大群朋友去人挤人地看花火大会，但现在年纪大了，不喜欢摩肩接踵的场所，何况也没人陪我去占位子，所以通常在自家阳台观看远处西武园（せいぶえん／Seibuen）的花火。

单独一人在漆黑的阳台上聆听低沉的花火轰隆声，隔着树林观赏远方上空五颜六色的灿烂火光，身边伴着三个猫儿子，眼下是零星竖立在院子的朦胧灯光，中天悬明月星眼，不知何处又传来盆踊的《东京音头》乐声……这种气氛会令人由衷感觉：啊，夏天，真好；人生，真棒。

➤ 花火

地藏节

地藏盆：じぞうぼん / Jizo-bon（八月二十三、二十四日前后三天）

暑假快结束了，炎炎夏日的八月最后一个大节日正是儿童的节日“地藏盆”。此处指的“地藏”并非佛教寺院的地藏菩萨，而是日本全国各地街口路边可见的地藏石像。

这种地藏通常排成六尊，分别代表六道轮回（りくどうりんね／Rikudo-rinne）思想中的“天道”（てんどう／Tendo-）、“人間道”（にんげんどう／Ningendo-，人道）、“修羅道”（し

➢ 地藏通常排成六尊

ゅらどう / Shurado-，阿修罗道)、“畜生道”(ちくしょうどう / Chikusho-do-)、“餓鬼道”(がきどう / Gakido-)和“地獄道”(じごくどう / Jigokudo-)。

日本街头的地藏石像跟佛教无关，是一种民间信仰。据说，比父母先过世的儿童由于背负了不孝子的罪名，无法自行渡过“三途の川”(さんずのかわ / Sanzu no kawa，冥河)，只能在“賽の河原”(さいのかわら / Sainokawara，冥河河滩)不停地用小石子堆积石塔以洗清罪孽，但每次都在即将完成时，鬼卒会来捣蛋，把石塔踢毁，所以儿童阴魂永远无法渡过冥河。

不过地藏最终仍会来拯救这些儿童阴魂，让他们平安渡过冥河，跨进冥府。日本街口路边的地藏石像正是保佑儿童平安长大的一种土地神，而日本各地实际上也有许多“賽の河原”。

正因为地藏石像是儿童保佑神，所以地藏节是儿童的节日。这节日在关东地区比较不兴盛，关东地区是稻荷神社信仰，但以京都为中心的关西地区则非常重视此节日。每个社区都会举办各种以儿童为主的活动，例如清洗地藏石像，在地藏石像堂前挂灯笼、献供品等。

其中最普遍的传统仪式是“数珠繰り”(じゅずくり / Juzukuri)，就是用一条两三米长的念珠，大人小孩共同轮流一粒一粒地数念珠，边数念珠边在内心祈愿。

京都人的风俗是家人若生了小孩，会到当地町内的地藏石像献灯笼，灯笼上写着孩子名字，女子是红灯笼，男子是白灯笼。而神户人在地藏节这天有名为“お接待”(おせったい / Osettai)的习俗，亦即让儿童巡游町内各个地藏石像堂，之后町内人再给孩子发糖果饼干。

➢ 地藏节是儿童的节日

我分别在东京、埼玉县住了三十多年，育儿期间曾经历过各种社区的“子供会”（こどもかい / Kodomokai，儿童会）活动，却从未体验过地藏节，看来关东地区确实不重视这个节日。

➤ 也有超级可爱的地藏

秋

九月 十月 十一月

九月

くがつ / Kugatsu

防灾纪念日

防災の日：ぼうさいのひ / Bo-sai no hi（九月一日）

九月一日是新学期开学日，也是防灾纪念日。这是为了纪念 1923 年的关东大地震而于 1960 年制定的。关东大地震的死亡、失踪人数超过十万人，而 1959 年的伊势湾台风的死亡、失踪人数约五千人，伤员三万九千人，所以翌年即制定了防灾纪念日。

不过日本古来便有“二百十日”（にひゃくとおか / Nihyakutohka）这个杂节，意思是自立春（二月四日左右）算起第二百一十天，刚好是九月一日前后。稻米在这时期开花，台风也在这时期屡次发生，对农家和打鱼郎来说是生死攸关的时间。

因此日本各地都有为平息台风而举行的风祭，最有名的是富山县（とやまけん / Toyamaken）富山市（とやまし / Toyamashi）八尾町（やつおまち / Yatsuomachi）的“おわら風の盆”（おわらかぜのぼん / Owara kaze no bon，风盆踊），祭典期间是九月一日至九月三日。此祭典有三百余年历史，虽然本地居民只有两万人，但每年这三天的观光客却高达三十万人。

古乡旧镇氛围加上哀愁的胡琴音色，以及戴草笠、缠黑腰带、默默无言比手画脚的舞者，迷惑了不少日本作家和作词家为之写小说与歌曲。

➤ 富山市八尾町的风盆踊

➤ 富山市八尾町的风盆踊

重阳节

重陽の節句：ちょうようのせっく / Cho-yo-no sekku（九月九日）

重阳节当然传自中国，日本往昔是过阴历节，人们喝菊花茶、菊花酒，过法与中国传统节日一样。遗憾的是，现代日本所有传统节日都在阳历过，而阳历的九月九日不是菊花盛开的季节，因此“重陽の節句”（ちょうようのせっく / Cho-yo-no sekku）已经变成有名无实的节日。

代之而起的是在菊花真正盛开的十月上旬至十一月上

➤ 职人正在制作菊人形

旬，日本全国各地会举办“菊人形”（きくにんぎょう / Kiku Ningyo-）展，这是以菊花装饰成人偶或动物的展览活动。各市政府或区公所甚至邮局也会举办菊花展，让町内园艺爱好者参加竞赛。

九州地区则将阳历十月的所有祭典都称为“お九日”（おくんち / Okunchi）。十月七日至九日举行的“長崎くんち”（ながさきくんち / Nagasaki Kunchi，长崎九日）最为知名，是国家指定“重要無形民俗文化財”（じゅうようむけいみんぞくぶんかざい / Ju-yo-mukeiminzokubunkazai，重要的非物质民俗文化遗产）。这些都是传统重阳节的变相庆典。

既然无法观赏菊花，也喝不到菊花酒，那就来吃茄子。九月九日神日、十九日农民日、二十九日商人日，这三天吃茄子的习俗称为“三九茄子”（みくにちなす / Mikunichinasu），据说吃茄子可以预防中风。

等真正菊花季节来临时，再来喝菊花茶、泡菊花汤吧。

➢ 菊花展

敬老日

敬老の日：けいろうのひ / Keiro- no hi（九月第三个星期一）

顾名思义，“敬老日”即“老人节”。日本于 1947 年首创，1966 年将其定为“国民の祝日”（こくみんのしゅくじつ / Kokumin no shukujitsu），全国国民放假一天。

日本是“長寿”（ちょうじゅ / Cho-ju，长寿）国，根据日本厚生劳动省（こうせいろうどうしょう / Ko-sei Ro-do-sho-，掌管日本社会福利与劳务的中央省厅之一）于 2006 年公布的资料，日本男性平均寿命是七十九岁，女性是八十五点八一岁。

只是，到底多少岁以上才能称为“老人”（ろうじん / Ro-jin）或“年寄”（としより / Toshiyori）呢？世界卫生组织（せかいほけんきかん / Sekaihokenkikan，WHO）的定义是六十五岁以上的人便是高龄者（こうれいしゃ / Ko-reisha）。但在日本这种高龄化社会（こうれいかしゃかい / Ko-reika Shakai）国家，称六十五岁刚退休的人为“老人”，恐怕会招惹对方拧眉瞪眼。

日本总务省（そうむしょう / So-musho-）于 2008 年 9 月 15 日公布的统计资料中，指称七十岁以上的人口已超过两千万人。而“年金”（ねんきん / Nenkin，养老金）是六十五岁开始领取，敬老对象是七十岁以上，“老人保健”（ろうじんほけん / Ro-jinhoken）对象是七十五岁以上……如此看来，七十岁以上的人才是真正的老人。

➤ 老人在卖烤番薯

总之，既然提到老人，学日语的人最好记住以下几个名词。

還暦（かんれき / Kanreki）：满六十岁诞辰。

古希（こき / Koki）：满七十岁。

喜寿（きじゅ / Kiju）：满七十七岁。

伞寿（さんじゅ / Sanju）：满八十岁。

米寿（べいじゅ / Beiju）：满八十八岁。

卒寿（そつじゅ / Sotsuju）：满九十岁。

白寿（はくじゅ / Hakuju）：满九十九岁。

百寿（ももじゅ、ひゃくじゅ / Momoju、Hyakuju）：满一百岁。

茶寿（ちゃじゅ / Chaju）：满一〇八岁。

皇寿（こうじゅ / Ko-ju）：满一一一岁。

珍寿（ちんじゅ / Chinju）：一一一岁以上。

大還暦（だいかんれき / Daikanreki）：满一二〇岁。

▶ 寿酒杯

一般来说，只要暗记到“米寿”就可以，毕竟满九十岁且老当益壮的人并不多。至于“還暦”之前，二十岁是“はたち／Hatachi”；三十岁是“三十路”（みそじ／Misoji）；四十岁是“四十路”（よそじ／Yosoji），男性通常自称“不惑”（ふわく／Fuwaku）；五十岁是“五十路”（いそじ／Isoji），男性通常自称“天命”（てんめい／Tenmei）或“知命”（ちめい／Chimei）。

当然男性自称的“不惑”“天命”“知命”等名词，全出自孔子的《论语》（ろんご／Rongo）。在日本，只要上过高中的人，必定都会暗诵几句《论语》，所以“不惑”“天命”“知命”这几个名词并非知识分子才懂，而是日常用语。不过女人比较少用。

女人到了“三十路”就会高唱哀歌，哪有闲情“不惑”再“知天命”？那些理论还是交给男人去实行好了。

中秋节

十五夜：じゅうごや / Ju-goya（九月中旬—十月上旬）

“十五夜”正是“中秋の名月”（ちゅうしゅうのめいげつ／Chu-shu-no meigetsu），别称“芋名月”（いもめいげつ／Imomeigetsu），也就是中国的中秋节。日本许多传统节日都已改为阳历，唯独中秋节仍过阴历。不过每年阴历八月十五日并非必定满月（まんげつ／Mangetsu），例如 2008 年的月圆天是阴历八月十六日（阳历九月十五日）。

日本人在中秋节不吃月饼、柚子，也不舞火龙，而是在可以观赏月亮的窖廊供奉“月見団子”（つきみだんご／Tsukimidango，赏月团子）和“里芋”（さといも／Satoimo，芋头）、“枝豆”（えだまめ／Edamame，毛豆）、“栗”（クリ／Kuri）等秋季蔬果。

另外再装饰“芒”（ススキ／Susuki，芒草）、“女郎花”（オミナエシ／Ominaeshi，黄花龙芽草）、“萩”（ハギ／Hagi，胡枝子）、“葛”（クズ／Kuzu）、“桔梗”（キキョウ／Kikyo-）、“撫子”（ナデシコ／Nadeshiko，瞿麦）、“藤袴”（フジバカマ／Fujibakama，佩兰）等秋草，以上七种秋草称为“秋の七草”（あきのななくさ／Aki no nanakusa，秋七草）。

但不一定得是七草，我觉得光是插几支芒草也可以成为一幅明月风情画。芒草别名“尾花”（おばな／Obana），文人、俳人习惯用“尾花”这个词。

➢ 中秋明月供奉月见团子

➢ 月见团子

➢ 光是芒草也有一番风情

松尾芭蕉（まつおばしょう / Matsuo Basho-，1644—1694）有一首关于中秋明月的“俳句”（はいく / Haiku）:

名月（めいげつ）や
池（いけ）をめぐりて
夜（よ）もすがら
（中秋明月下，信步绕着池塘转，夜色渐白矣。）

小林一茶（こばやしいっさ / Kobayashi Issa，1763—1827）也有一首:

名月（めいげつ）を
取（と）ってくれろと
泣（な）く子（こ）哉（かな）
（中秋明月啊，摘下摘下给我玩，孩子哭闹乎。）

同样是江户三大“俳人”（はいじん / Haijin）之一的与谢芜村（よさのぶそん / Yosano Buson，1716—1783）的一首“俳句”则是:

名月（めいげつ）や
兎（うさぎ）のわたる
諏訪（すわ）の湖（うみ）
（中秋明月下，兔子横渡诹访湖，一只又一只。）

日本人、中国人、韩国人都知道月亮与兔子的关系，而蒙古人却认为住在月亮上的是狗，要是说谎，月亮上的狗会生气而狂吠。阿拉伯人认为月亮上住着狮子，欧美人则认为月亮上有女人的侧脸，印尼人认为月亮上有织布女人，越南人则说月亮上有正在树下休息的男人，奥地利则流传着月亮上有个点灯熄灯的男人的说法，德国的说法则是扛柴的男人，北欧地区将月亮上的阴影联想成正在阅读的老太婆，南欧则看到月亮上有螃蟹……原来月亮有这么多面孔，实在有趣。

赏月的日文是“月見”（つきみ／Tsukimi），是故无论荞麦面还是乌冬面，只要上面加个生鸡蛋，便称为“月見蕎麦”（つきみそば／Tsukimi soba，月见荞麦面）或“月見うどん”（つきみうどん／Tsukimi udon，月见乌冬面）。

➤ 月见荞麦面

说到“月見”料理，由于我单身又独居，往往因赶稿没时间做饭，时常到超市买“甘海老”（あまえび／Amaebi），就是专门用来生吃并有甜味的红虾。剥掉头尾和外壳吃掉虾肉后，再把红虾头尾和外壳煮成高汤，放白味噌做成味噌汤，之后放入白米饭，最后加一个鸡蛋，撒一些葱花。鸡蛋不要煮熟，焖个半熟就好。

这一道 Miya 流派的“月見ねこまんま”（つきみねこまんま／Tsukimi Nekomanma）非常好吃。“月見ねこまんま”是我擅自取的料理名，翻译成中文是“月见猫饭”。“猫”是“ねこ”（Neko），“まんま”（Manma）是幼儿语，“饭”之意。老一辈的日本人往昔通常用味噌汤泡剩饭给猫狗吃，所以看到年轻人在白米饭上浇味噌汤吃，会皱眉甚至出声斥骂，说这种吃法没家教。

不过，现代日本人都给猫狗吃宠物罐头或干粮，罕少有人用白米饭喂狗喂猫了。我到网络上去查“ねこまんま”（Nekomanma，猫饭），发现有不少年轻人喜欢这种吃法，虽然仍会挨父母骂，但喜欢的人还是照吃不误。

各位看官不妨试试看，但一定要用有甜味的红虾加上带甜味的白味噌，不用加味精，光是红虾汤头就值得你跷起大拇指。

秋分

秋分の日、秋のお彼岸：しゅうぶんのひ / Shu-bun no hi、あきのおひがん / Aki no ohigan（九月二十三日前后一星期）

以秋分为准，前后各三天，总计一个星期的扫墓节。跟“春のお彼岸”一样，除了去扫墓，还得在佛龛摆放“供物”，祭祀已故家人。

“秋分の日”也是国定假日，这天要吃“御萩”（おはぎ / Ohagi）。御萩跟春分的牡丹饼一样，其做法是将糯米和大米混合煮熟，捏成饭团，外层裹红豆泥或黄豆粉（きなこ / Kinako）。只是春天的名称是牡丹，秋天的名称是胡枝子而已。全球恐怕只有日本把春分和秋分定为国定假日，而从这些供品名称也可以看出日本人对四季风花雪月的敏感度。

扫墓季节正是“曼珠沙華”（マンジュシャゲ / Manjushage，曼珠沙华）盛开时期，曼珠沙华通称“彼岸花”（ヒガンバナ / Higanbana）。在日本它算是不吉利的花，多生在水田或坟场。据说是在约两千五百年前自中国或朝鲜半岛跟随稻子传至日本的，当时可能只夹杂一个鳞茎，之后逐渐繁殖，因此全日本的彼岸花只有雌花，无法用种子培育。

而且日本的彼岸花几乎都是红色，白色和黄色的比较少见。另有一点很奇怪，日本北国和南国气温差异很大，却不知怎么回事，彼岸花不管气温高低，全集中在“秋のお彼岸”扫墓时期同时开花。

秋分时吃的御萩

“彼岸花”是俳句秋季季语之一。由于花开时不长叶，叶生时不开花，花与叶从来没有见面的机会，所以它的花语是：悲伤的回忆，我只想念你一人，等等。韩语中称为“相思华”（サンチョ／Sancho），中文叫“红花石蒜”。因为同时开花，花开时期看上去仿佛地狱火焰，所以又有个别称叫“地獄花”（じごくばな／Jigokubana）。

我很想在自家院子种几株彼岸花，不过因为鳞茎有毒，毒性又非常强，很可能会杀死我家院子泥土中的无数肥蚯蚓，只得作罢。所幸埼玉县日高市（ひだかし／Hidakashi）西部的“巾着田”（きんちゃくだ／Kinchakuda）是闻名全日本的彼岸花名所，离我家只有十五公里，那儿有一百万株曼珠沙华，开花时期景色非常壮观，我可以每年去观赏地狱火焰。

日本人对彼岸花有一种难以言喻的复杂感情。花本身并无错处，而且又开得那么艳丽，只是跟“坟场”“不吉利”联系在一起，会令人无端萌生一股悲情。夏目漱石有一首俳句正是描

▶ 曼珠沙华 / 彼岸花

▷ 曼珠沙华 / 彼岸花

写这种心境。

曼珠沙華 あっけらかんと 道（みち）の端（はた）
（曼珠沙华若无其事地开在路旁）

小津安二郎导演的电影《彼岸花》，内容也是描述父亲眼看女儿即将出嫁的那种复杂心情。我觉得，这部电影的片名取得实在非常恰当。

十月

じゅうがつ / Ju-gatsu

体育节

体育の日：たいいくのひ / Taiiku no hi（十月第二个星期一）

“体育の日”翻译成中文是体育节，这天也是日本的国定假日。1964 年东京奥运会开幕式是十月十日，日本政府于 1966 年起将十月十日定为国定假日体育节。但 2000 年起实施“ハッピーマンデー制度”（ハッピーマンデーせいど / Haapi-Mande-seido，英文:Happy Monday System），将某些国定假日移至特别指定的星期一，让大部分上班族可以连放三天假。

只是，把体育节移至十月第二个星期一这种做法，招来不少怨言，主要是因为学校运动会也在这天举行。如果在十月十日举行，晴天概率非常高，但移至第二个星期一后，几乎都会碰上雨天。

日本有几个根据气象学统计出的“特異日”（とくいび / Tokuibi，特异日），十月十日正是晴天“特异日”。事实上，1966 年至 1999 年的三十四年中，关东地区在十月十日这天只下过五次雨，但 2000 年至 2007 年的八年中，十月第二个星期一有六次是雨天。不过，这是关东地区的统计结果，并非适用于全日本。

关东地区主要的“特异日”如下：

一月十六日：“晴れ”（はれ / Hare，晴天）。

三月十四日：“晴れ”（はれ / Hare，晴天）。

▶ 运动会

三月三十日："雨"（あめ / Ame，雨天）。

四月六日："寒の戻り"（かんのもどり / Kannomodori，回寒）。

六月一日："晴れ"（はれ / Hare，晴天）。

六月二十八日："雨"（あめ / Ame，雨天）。

八月十八日："猛暑"（もうしょ / Mo-sho），"酷暑"（こくしょ / Kokusho），气温在三十五摄氏度以上。

九月十七日："台風"（たいふう / Taifu-，台风）。

九月二十六日："台風"（たいふう / Taifu-，台风）。

十月十日："晴れ"（はれ / Hare，晴天）。

十一月三日："晴れ"（はれ / Hare，晴天）。

当然以上统计并非必定如此，而是概率非常高之意。

至于学校运动会是明治七年（1874 年）海军军官学校的英国人英语教师首开风气，批准人正是当时任职参议（さんぎ / Sangi）兼海军元帅的胜海舟（かつかいしゅう / Katsu Kaishu-，1823—1899）。

根据当时的节目单资料，除了二百码“競走”（きょうそう / Kyo-so-，赛跑）、“三段跳”（さんだんとび / Sandantobi，三级跳）、“棒高跳”（ぼうたかとび / Bo-takatobi，撑竿跳高）、“砲丸投”（ほうがんなげ / Ho-gannage，推铅球）等“陸上競技”（りくじょうきょうぎ / Rikujo-kyo-gi，田径运动），还有“肩車競走”（かたぐるまきょうそう / Kataguruma Kyo-so-，骑脖子赛跑）、“豚追い競争”（ぶたおいきょうそう / Butaoi Kyo-so-，抓猪竞赛）等游戏节目，总计十八项。

其中最后的压轴项目“豚追い競争”指的是抓小猪游戏，因为小猪的身上涂了油，竞赛者很难抓住小猪，想必观众席上一定欢声四起，啦啦队叫喊声此起彼落，不绝于耳。据说全校只有一位学生成功抓住了小猪，博得满堂喝彩。只是当时不叫运动会，而是“競闘遊戯会”（きょうとうゆうぎかい / Kyo-to-yu-gi kai）。直至明治十六年（1883 年）东京大学举行运动会，这时才出现“運動会”（うんどうかい / Undo-kai）这个词。

日本小说家二叶亭四迷（ふたばていしめい / Futabatei Shimei，1864—1909）在长篇小说《浮云》（うきぐも / Ukigumo）中，描写了东京北区飞鸟山（あすかやま / Asukayama）公园举行运动会的情景。小说中的妈妈把“運動会”念成“うどん会”（うどんかい / Udonkai），乍看之下会令

人以为是乌冬面会。小说发表于 1887 年，内容中还说明该年是第五届飞鸟山运动会，可见“運動会”这个词在当时仍不是很普遍。

不过，近几年有很多学校将运动会改在春季五六月，理由是秋季的学校例行活动太多，另有“文化祭”（ぶんかさい / Bunkasai）、“合唱コンクール”（がっしょうコンクール / Gassho-konku-ru，合唱竞赛）等。日本学校自 2002 年起实施周休二日制，因此运动会或文化祭这类须做长期准备的活动，只能拆开进行。

赏红枫

紅葉狩り：もみじがり / Momijigari（十月—十一月）

秋天到了，晨起夜漏时分须披外衣，倚窗观看院子里梅树落叶缤纷，“雪柳”（ユキヤナギ／Yukiyanagi，珍珠花、喷雪花）叶子逐渐转黄，也许有人会愁意上心头，我却只想出门到树林里踏逐枯枝衰草。

秋天亦是枫红时期，日语的“紅葉”念成“こうよう”（Ko-yo-）或“もみじ”（Momiji），赏枫行为称为“紅葉狩り”（もみじがり／Momijigari，红叶狩），枫树类则总称“楓”（カエデ／Kaede）。据说枫叶呈手掌形，很像青蛙的手掌，青蛙的日语是“蛙”（カエル／Kaeru），本来称枫叶为“蛙手”（カエルデ／Kaerude），日后逐渐缩短为“カエデ”。

“狩り”（かり／Kari）原本是狩猎之意，后来扩大范围，连到果园现摘现吃并打包回家的野游活动也用该词，例如：“イチゴ狩り”（イチゴがり／Ichigogari，草莓狩）、“ぶどう狩り”（ぶどうがり／Budo-gari，葡萄狩）等，之后又延伸至花草之类。赏樱也可以称为“桜狩り”（さくらがり／Sakuragari），只是这个词比较少用，通常使用“花見”（はなみ／Hanami）一词。

赏枫跟赏樱一样，有“紅葉前線”（こうようぜんせん／ko-yo-zensen，红叶前线），就是中文的“红叶指数”。但“紅葉前線”移动的方向刚好跟“桜前線”相反，它是以北海道大雪

➢ 枫红

➢ 枫叶

山（だいせつざん／Daisetsuzan）为起点而南下。日本有很多著名的红叶胜地，不过，我比较喜欢秋天的银杏黄叶。

此外，在日本红叶（もみじ／Momiji）也是鹿肉的隐语，马肉是樱（さくら／Sakura），野猪肉是牡丹（ぼたん／Botan）。这种隐语通常用平假名，有些店家会用汉字，因此诸位客官到日本旅游时，倘若看到广告牌上写着“红叶锅”“樱锅”“牡丹锅”等字词，千万别以为是用红叶、樱花、牡丹煮成的火锅料理。

提到有关红叶的料理，有一样在日本很常见的“薬味”（やくみ／Yakumi，作料），名为“紅葉卸し”（もみじおろし／Momijioroshi，红叶萝卜泥）。就是在白萝卜中央穿洞，塞入辣椒，再磨成红色萝卜泥，通常当作火锅作料。

往昔，我家大儿子未满周岁时，有一次全家人去吃火锅，那时我不知道小碟子内的红色萝卜泥藏有“暗箭”，以为是加了色素的普通萝卜泥，夹了一口塞进儿子嘴里。结果儿子被辣得号啕大哭，前夫与前任婆婆以及在座的所有亲戚都捧腹大笑。

当年我才二十一岁，是个刚进夫家接受各种教育还不到一

▶ 河豚火锅也少不了辣萝卜泥

年的小媳妇，经常闹笑话。如今想来，往昔那段有哭有笑的小媳妇时代，正是我目前的写作原动力。我应该感谢生于明治时代，历经明治、大正、昭和、平成四个时代，长我五十岁，最终移居九泉之下的前任婆婆。

十三夜

十三夜：じゅうさんや / Ju-sanya（十月下旬—十一月上旬）

有“越後の虎”（えちごのとら / Echigo no Tora，越后之虎）美誉的“戦国大名”（せんごくだいみょう / Sengoku Daimyo-，日本战国时代诸侯）上杉谦信（うえすぎけんしん / Uesugi Kenshin，1530—1578），生前留下一首汉诗《于能登对月有感，九月十三夜阵中》：

霜满军营秋气清，
数行过雁月三更。
越山并得能州景，
遮莫家乡忆远征。

越后（えちご / Echigo）是旧国名，位于今新潟县（にいがたけん / Niigataken），能州指的是石川县（いしかわけん / Ishikawaken）能登半岛（のとはんとう / Notohanto-）。这是上杉谦信于1577年占领能登半岛，在军营办酒宴，酒酣之余当场所作的汉诗。

“十三夜”是阴历九月十三日的月亮，比起传自中国的中秋明月，自古以来，日本“歌人”（かじん / Kajin，和歌、短歌诗人）或“俳人”（はいじん / Haijin）均比较喜欢十三夜的月亮。主要原因是中秋夜多阴天，但十三夜几乎都是晴天，甚

至有“十三夜に曇り無し”（じゅうさんやにくもりなし／Jusanya ni kumori nashi）这句惯用语，意思是“十三夜无阴”。

这一天是日本传统赏月节，跟中秋十五夜一样，人们都会在窄廊供奉团子、栗子、芒草。十五夜别称“芋名月”（いもめいげつ／Imomeigetsu），十三夜则别称“栗名月”（くりめいげつ／Kurimeigetsu）。

2009 年的十三夜是十月三十日。虽然中国人没有在这天赏月的习惯，不过若有人过腻了中秋节吃月饼那种凑热闹的气氛，尤其中国台湾的中秋节已变为全民烤肉节，大街小巷炊烟袅袅，那么，我想，您不妨在十三夜这天单独一人到公园或伫立自家阳台上享受一下真正的清风明月。

顺便教各位“栗ご飯”（くりごはん／Kurigohan，栗子饭）的做法。先把栗子放进开水中煮三分钟，等栗子凉了后，再用水果刀于栗子底部（圆形那侧）切个口，剥开栗子皮，内膜也用水果刀剥掉。剥完后，要立即放入冷水中浸约半个钟头，不然会变色。

➢ 秋天美味的栗子

白米洗净，放入切半的栗子，加日式高汤（昆布或柴鱼都可以），用电锅煮。煮熟后再焖十分钟。吃时将栗子饭拌松，撒上芝麻即可。

栗子养胃健脾，补肾强筋，活血止血，是抗衰老、延年益寿的滋补佳品，素有“千果之王”美誉。无论栗子饭或栗子甜点，我都很喜欢吃。在十三夜吃栗子饭，窗边搁一束随便从路边摘回来的芒草，在阳台吹风赏月看星星，应该别有一番情趣。可惜我缺乏作诗细胞，只能在阳台跟三个万两少爷（猫儿子）玩躲猫猫。

十一月

じゅういちがつ / Ju-ichigatsu

文化节

文化の日：ぶんかのひ / Bunka no hi（十一月三日）

这天是日本的国定假日，皇居宫殿会举行“文化勲章”（ぶんかくんしょう / Bunkakunsho-，文化勋章）颁发典礼，由天皇亲自授予勋章。日本全国各地也会举办各式各样的文化活动或艺术祭。

➤ 文化活动

亥子祝

亥の子の祝い:いのこのいわい / Inoko no iwai（十一月第一个亥日）

此节日本来是宫中祭典，民间则是在日本列岛西半部的“西日本”（にしにほん / Nishinihon）较盛行。“亥”（い / I）在十二生肖中属猪，但日文的“猪”（イノシシ / Inoshishi）指的是山猪、野猪，食用猪的汉字是“豚”（ぶた / Buta）。只要比较一下中国和日本的月历，一定可以发现同样是十二生肖，日本的十二月是山猪、野猪，而非“豚”。山猪在日本是“摩利支天”（まりしてん / Marishiten）使者，而摩利支天原为古印度光明女神，传到日本就变成武士守护神。

无论野猪或家猪，均基于它们多产而代表子孙满堂，因此“亥子祝”的主角是儿童，是祈愿家中孩子无病无灾的节日。关西地区的糕点甜食店于十一月初就会开始卖“亥の子餅”（いのこもち / Inokomochi），又称“玄猪餅”（げんちょもち / Gencho-mochi），是一种包着甜馅的麻薯，也是俳句冬季季语之一。

这个节日算是一种收获祭，农村小孩会在这天手持一根用绳子卷起的稻草槌子，称为“亥の子槌”（いのこづち / Inokoduchi），到各家院子里边唱歌边捶打地面，仪式结束后可以领取各家事前准备好的“玄猪餅”。

京都上京区（かみぎょうく / Kamigyo-ku）护王神社（ごおうじんじゃ / Go’o-jinja）每年在这天会举行古式仪式，而

➢ 家猪，日本称为豚

➢ 山猪，日本称为猪

且护王神社拜殿前的“狛犬”（こまいぬ／Komainu）和洗手漱口处的“手水舍”（ちょうずや、てみずや／Cho-zuya、Temizuya）装饰，都不是石狮子，而是石野猪或灵猪，有兴趣的人可以去开开眼界。

七五三

七五三：しちごさん / Shichigosan（十一月十五日）

此节日是日本全国性儿童节日，男孩在三岁、五岁时，女孩在三岁、七岁时，于这天穿着和服跟爸爸妈妈到神社参拜，祈求能平安长大。由于这个节日规模非常大，而且是传统节日，所以即便爸爸妈妈不穿和服，也要穿正式礼服才不会有失体统。

一家人到神社参拜后，通常会到照相馆拍纪念照，超市和百货公司每年在这时期都会于入口处装饰七五三和服出租样品。因为一生只在三岁、五岁、七岁过一次节而已，大部分家庭都租和服给孩子穿。虽然有些人会在高级饭店设宴庆祝，但一般家庭通常在家里准备盛餐招待祖父母、外祖父母、叔伯姑舅姨等自家人。

孩子在这天拍照时，必定手持“千歳飴”（ちとせあめ / Chitoseame，千年糖）。这是一种长约三十厘米、染成红白二色的棒棒糖，类似麦芽糖，两根一套，装棒棒糖的纸袋印有象征长寿的鬼鹤、松竹梅等吉祥图案。

该节日起源于千年前的平安时代，到江户时代才在民间普及。当时医疗设备不像现代如此完备，医术也落后许多，加上天灾、饥馑，孩子常常会早夭，因此江户人认为不到七岁的孩子都是神佛的子弟，父母只是代替神佛暂且照顾孩子而已。未满七岁的孩子若不幸夭折，父母也不正式办理殡葬。总之，当时孩子只要能活到七岁，父母就会谢天谢地，庆幸自己的孩子

▶ 三岁、五岁男孩，三岁、七岁女孩的节日

▶ 七五三和服的出租样品

可以平安长大。

之所以男孩是三岁、五岁，女孩是三岁、七岁，是因为往昔无论男孩女孩，在孩子三岁时都会举行“髪置”（かみおき／Kamioki，发置）仪式，就是剃掉出生后长出的头发，戴上棉花帽子，祈求孩子重新长出的新头发可以维持到白发苍苍的年龄。

男孩在五岁时必须进行“袴着”（はかまぎ／Hakamagi，袴着）仪式，也就是第一次穿正式礼服的裙裤，通过此仪式，男孩才能称为“童子”（どうじ／Do-ji）。这时，孩子头上戴冠，站在棋盘上向四方拜神。棋盘表示人生赌场，向四方膜拜是祈求孩子长大后，无论碰到任何人生问题，都能顺利过关之意。

女孩在七岁进行的仪式是“带解”（おびとき／Obitoki，带解），因为女孩在七岁前穿的和服腰带是缝在衣服上的，七岁后才开始学绑腰带。而腰带另有将灵魂锁在体内的意思，如此才不会让女孩一失足成千古恨，再回头是百年身。

往昔的日本人均有所谓的“髪置親”“袴親”“冠親”“帯親”，此处的“親”（おや／Oya，亲）是指父母代理人。“髪置親”由长寿者担当；男孩的“袴親”“冠親”由达官贵人担当，这人对男孩来说，是终生监护人；“帯親”则由送腰带的年长女性担任。

酉日集市

酉の市：とりのいち / Tori no ichi（十一月酉日）

“酉”（とり / Tori）日每隔十二天轮一次，2008 年的酉日是五日、十七日、二十九日，各别称为“一の酉”（いちのとり / Ichi no tori）、“二の酉”（にのとり / Ni no tori）、“三の酉”（さんのとり / San no tori）。

这天日本全国各地的鹫神社、大鸟神社（おおとりじんじゃ / Ohtori Jinja）都会举行集市，聚集着卖各式各样吉祥物的摊贩，其中最有人气的吉祥物是“縁起熊手”（えんぎくまで / Engikumade，吉祥熊手）。

“熊手”（くまで / Kumade）就是竹耙子，“縁起”（えんぎ / Engi）是吉祥之意。竹耙子在日本是吉祥物之一，表示可以扒拢福气或财运，元旦时神社都有卖。

就历史与规模来说，东京浅草鹫神社的酉市最有名，约有一百五十个贩卖吉祥物的摊位以及七百多个商品、吃食摊位，每年都有七八十万参拜客。除了“縁起熊手”，集市上还会卖一种名叫“八頭”（やつがしら / Yatsugashira）的芋头，也就是中文的九面芋或多头芋，因为母芋与子芋、孙芋无明显差别，互相密接重叠成整块，在日本代表出人头地或子孙满堂。

此外，据说有“三の酉”的当年火灾会特别多，这似乎不是迷信，而是经统计得出的结果，因此这节日也可以说是呼吁民众注意火灾的祭典。

▶ 酉市的吉祥“熊手”

▶ 开运“熊手”

勤劳感谢日

新嘗祭：にいなめさい、しんじょうさい / Niinamesai、Shinjo-sai

（十一月二十三日）

“新嘗祭”本来是皇室祭神仪式，古时候的天皇在这天用当年收获的“新米”（しんまい / Shinmai）制成的酒或年糕，谒款天神地祇。

第二次世界大战后，此节日改为“勤労感謝の日”（きんろうかんしゃのひ / Kinro-kansha no hi，勤劳感谢日），成为国定假日。也就是说，战前是感谢秋收的节日，类似美国的感恩节，战后扩大为感谢秋收并感谢众国民的勤劳的节日，全民放假一天。

「
冬

十二月 正月 二月
」

十二月

じゅうにがつ / Ju-nigatsu

岁暮

お歳暮：おせいぼ / Oseibo（十二月中旬以前）

“お歳暮”和七月的“お中元”（おちゅうげん / Ochu-gen）一样，都是有送礼习俗的节日，只是岁暮礼的价格通常比中元礼高一些。反正每年这两个时期，超市和百货公司都会帮消费者把礼品包装得漂漂亮亮，消费者只要挑选样品，再填写收礼者的地址和姓名，礼品便会经由各家“宅配便”（たくはいびん / Takuhaibin）运输服务公司送到对方手中。

无论是中元礼还是岁暮礼，盒子上都一定附有一张印有红

▷ 岁暮礼品

白“水引”（みずひき / Mizuhiki）和“熨斗鮑”（のしあわび / Noshiawabi，干鲍鱼片）图案的庆贺纸张。“水引”是礼品或婚丧嫁娶等事的礼金、奠仪封套装饰绳子，喜事用红白或金银两色，丧事用黑白两色；“熨斗鲍”图案则专门用在喜事或礼品上。另外，要注意的是现代电熨斗的日文是“アイロン”（Airon），与前述的汉字“熨斗”意思完全不同。

据说 607 年第二回遣隋使（けんずいし / Kenzuishi）小野妹子（おののいもこ / Ono no imoko，生殁年不详）在隋国待了一年，第二年同隋使裴世清回日本时，带的回礼正是用红白麻绳绑上的。之后，所有宫廷进献物都用红白麻绳绑。

小野妹子是男性，飞鸟时代（あすかじだい / Asukajidai，6 世纪末—8 世纪初）政治家，正是带着那封名扬全球的“日出处天子致书日没处天子无恙云云”国书，惹得隋炀帝（569—

➢ 日本的喜事红包

618）大怒，谓鸿胪卿曰“蛮夷书有无礼者，勿复以闻”的那位人士。

但隋炀帝生气的理由并非“日出处”与“日没处”的描述，因为这是当时的佛教用语，分别表示“东方”和“西方”，令隋炀帝暴怒的理由是倭皇竟胆敢自称“天子”。既然“日没处”是皇帝，“日出处”的倭皇只得改称“天皇”，顺便把国号改为“日本国”。这封国书内的“日出处”很有趣，翻译成英文是“the land of the rising sun”，法文是“le pays du soleil levant”，西班牙文是“El pais del sol naciente”。

然而，我个人觉得裴世清带的回礼上绑的红白麻绳是日本“水引”起源的说法过于牵强。据我所知，中国人逢喜事都用大红色，连压岁钱都称为“红包”，怎么可能在回礼上绑红白麻绳

➢ 水引

呢？另一种说法是，古代中国在出口品上都绑白麻绳以便区分。因此，我想裴世清带的回礼很可能只绑了红麻绳，但因是出口品，所以又加上白麻绳。大概日本古人误会了其意而流传至今吧。包装往昔是用麻绳，后来进化为纸捻，由于必须加糨糊水才不会让几条纸捻成的纸捻恢复原状，名称也就改为“水引”。

至于“熨斗鲍”则是日本自古以来的赠品装饰，口语均简称“熨斗”（のし / Noshi），通常与“水引”并用。本来是用装炭火的铁熨斗将切成薄片的鲍鱼肉烫长再晒干之物，有延寿之意，现代都简略为印刷品。

虽然“熨斗鲍”指的是鲍鱼，但也可表示所有鲜鱼类，因日本四面环海，古人的赠品通常是鲜鱼，后来才以珍贵鲍鱼代表所有鲜鱼赠品。换句话说，“熨斗”是指鱼类赠品，然后逐渐演变为“下酒菜”之意，那个印有“熨斗”图案的白纸的意思是：“我送你这盒食品，你就当作下酒菜喝一杯吧。”倘若赠品真是鲜鱼类，就不用包那张白纸。超市、百货公司和商店的店员

➢“熨斗鲍”

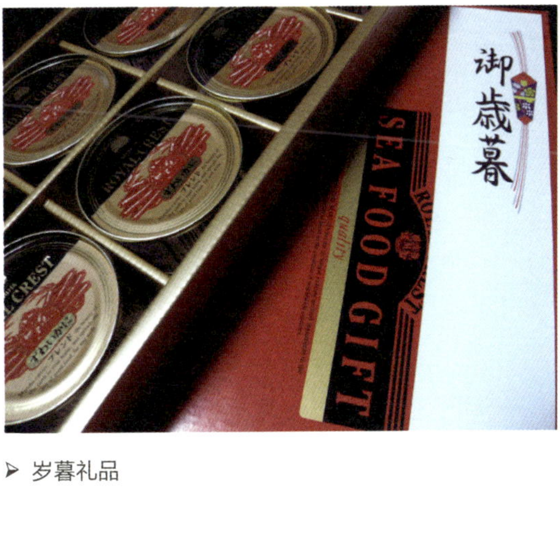

➢ 岁暮礼品

都懂这些规矩，不用客户特别叮嘱，他们在包装礼品时会主动分类。

此外，请各位看官注意一下红白“水引”，红色一定在东方，就是以观看者看来是右方。日本很多传统习俗均按“陰陽道”（おんみょうどう／Onmyo-do-）而行，红色代表日出，属阳；黑色代表日没，属阴，所以“水引”绝对是白左红右。既然红色属阳，也就代表男人；黑色属阴，代表女人。元旦吃“雑煮”时，正式礼法是男人用红碗，女人用黑碗，日本的世家名门都很注重这类传统。

附带一提，“宅配便”是所有以家庭投递为主的运输服务的总称，“宅急便”（たっきゅうびん／Takkyu-bin）则是“ヤマト運輸”（やまとうんゆ／Yamato Unyu-，大和运输）公司的服务商标。中国台湾统一集团因与日本大和运输公司签订了技术提供协议合约，一律用“宅急便”，但中国大陆的“宅急送”跟日本大和运输公司毫无关系，只是改了一个字而已。

据说北京宅急送快运公司总裁陈平先生于1990年到日本留学，得知日本有此快递服务，三年后回国创办快递公司，经过十多年的努力，目前已发展为拥有八千多名员工的企业（2008年资料）。

冬至

冬至：とうじ / To-ji（十二月二十二日前后）

提到冬至，我总会想起“柚子湯”（ゆずゆ / Yuzuyu，柚子汤）和“柚子茶”（ゆずちゃ / Yuzucha）。在此，“柚子”（ゆず / Yuzu）指的是香橙而非“文旦”（ブンタン / Buntan）。

“柚子湯”是在冬至这天于浴缸内放几个香橙，泡香橙热水澡；“柚子茶”指的是真正喝的茶。冬天时，我经常买韩国制柚子茶来喝，这也是韩国传统茶之一，非常爽口。

“柚子湯”可以促进血液循环，并有止痛、杀菌效用。泡“柚子湯”时最好把整个香橙放进浴缸内，或者切半，大概四五

➢ 柚子茶

➢ “柚子”在日本指的是香橙

个就够了。泡着泡着，果皮会逐渐溶出柠檬酸和维生素 C，具有美肤效果。

我并非每年都很注意月历上写的春分、秋分、冬至这类节日，只是超市都会摆出应景用品，提醒消费者什么节快到了，我都是到超市买菜时才发现冬至已临，必须买香橙回家泡澡。

中国北方人在这天习惯吃饺子，南方人则吃汤圆，而日本人是吃南瓜和红豆粥。我个人不喜欢吃南瓜和红豆粥，所以每逢冬至在网络上看到中国台湾的读者留言说要吃汤圆时，就羡慕得很。不过我怀念的是里面没包馅的甜汤圆，记得小时候时常帮母亲揉红白汤圆，现煮现吃，虽然现在也可以自己做，却总是提不起劲。一个人吃汤圆只会平添几许乡愁，不如去泡“柚子湯”，泡完再喝一杯“柚子茶”。

圣诞节

クリスマス：Kurisumasu / Christmas（十二月二十五日）

日本通常是过二十四日的平安夜“イヴ”（Ivu / 英文：Eve），这个节日早已跟宗教无关，变成全球性狂欢节。日本人通常与家人一起度过这个夜晚，爸爸上班回家时在车站前买蛋糕，妈妈在家烤鸡肉并准备圣诞礼物。

自从我家孩子成人后，我就不过圣诞节了。我在大儿子小学四年级、二儿子小学二年级时便成为单亲妈妈。那时白天要上班，圣诞节又不是国定假日，对我们这种单亲家庭来说是个很尴尬又很麻烦的节日。别人家是爸爸扮演圣诞老人角色，我们家是当妈妈的我全部包办。

二儿子直至小学毕业仍深信圣诞老人会在平安夜十二点整送礼物到他枕边。学校同学取笑他，说世上没有圣诞老人，圣诞老人是爸爸假扮的。但我家孩子没有爸爸，我只好骗他：“我们家的圣诞老人是真的。”那时大儿子已知道圣诞老人是假的，却跟我联手把弟弟哄得团团转。后来二儿子经不起同学取笑，经常强撑着要等到深夜十二点亲眼看到圣诞老人来访。只是，他每次都撑不到十二点便睡着了，等他第二天早上醒来，枕边已有礼物，所以他无法证实那包礼物到底是圣诞老人送来的还是妈妈偷偷放的。

直至今日，他还记得当时被妈妈和哥哥骗得深信不疑之事。每次母子三人回忆起往事时，他总是笑着说：“全班同学只有

➢ 东京彩虹大桥的圣诞装饰

➢ 东京丸之内的圣诞装饰

我一个人相信圣诞老人的存在，你们实在太过分了，两人串通骗我。”

新年对单亲家庭来说不成问题，反正压岁钱由父母发，爸爸发或妈妈发都无所谓，只有圣诞礼物令我很头痛。或许，我是心疼二儿子从小就缺乏父爱，才那么费尽心思灌输他圣诞老人实有其人之说吧。

▷ 横滨 MM21 的圣诞装饰

新年贺卡

年賀状：ねんがじょう / Nengajo-（十二月二十五日之前）

“年賀状”是新年贺卡、贺年明信片。我们先来看一段江户风俗作家冈本绮堂描述的贺年片往事，虽然刊载日期不详，不过可以推测是在大正时代（たいしょうじだい / Taisho- jidai，1912—1926）或昭和时代（しょうわじだい / Sho-wajidai）初期写成的。

新年的东京，放眼望去，特别令人寂寥的是拜年者减少了。当然现在多少也有，但只比平日行人多些，顶多是明治时代的十分之一或二十分之一而已。

有关江户时代的物事，只能听故老讲述，而自己亲眼所见的明治东京——现在回想起当时新年的热闹气氛，真如字面那般，恍若隔世。新年头三天当然不在话下，初七七草粥节过后，直至十日，东京街头仍有拜年者来往不绝，真的很热闹。

明治中叶以前没有所谓的贺年片。寄送对象主要是住在地方城市的亲戚友人，如果对方住在东京府内，即使是府下地区（当时“东京都”名为“东京府”，分为“东京市”和“东京府下”），只要地点不是特别偏僻或交通不便，没人会以邮件应付拜年的义理人情。对方若住市内，以邮件表述新年贺词更是不应有的行为，因而所有拜年者都必须前往下町或山手甚至郡部，一一向亲朋好友贺年。市内电车于明治三十六年（1903 年）十一月开通，但当

时只有半藏门（はんぞうもん／Hanzo-mon）到数寄屋桥见附（すきやばしみつけ／Sukiyabashimitsuke）、神田美土町（かんだみとちょ／Kandamitotyo-）到数寄屋桥（すきやばし／Sukiyabashi）这两条路线而已，大正初年才全部完成如今的市内路线。

因此，人力车另当别论，通常只能徒步。正月时，人力车车费比平常昂贵，而且全市的车辆也有限，拜年者大抵无法搭乘人力车。无论男女老幼，几乎都是徒步。即便当时人口不如今日这般多，但凡是住在东京的人，每家都必须出动一人，多者更是一回出动四五人，街上行人的拥挤可想而知。连平日人迹稀少的屋敷町那种地区，初春时也可见成群结队络绎不绝的拜年者。这是一种奇观，也是春景之一。

甲午战争是明治二十七、二十八年，二十八年（1894 年）正月因处于战时，基于顾虑，有人以贺年片代替亲自拜年。这些人开了先例，贺年明信片才逐渐普及。明治三十三年（1900 年）十月，私制图画明信片开禁，贺年明信片可各自加上种种匠心设计，这也有助于贺年片流行，于是以邮件代替亲自拜年的事也就不足为奇。明治三十七、三十八年的日俄战争以后，贺年片更是激增，松之内的各家邮局都忙着整理贺年片，导致无法兼理其他邮务，为了避免邮件混乱，明治三十九年（1906 年）末开始，贺年片才成为特殊邮务。那以后，贺年片逐年增加。与其成反比，拜年者也逐年减少。但至明治末年为止，还保留往昔面影，新年街上可以看到相当多的拜年者，大正时代以后急剧减少，每逢年末，邮局内的贺年片也就堆积如山了。

电车刚开通时，每逢新年，所有电车均座无虚席，女人小孩甚至很难搭得上，近年来连元月初二的电车也罕见客满。另外，从各剧场自元日当天即开幕一事看来，也可想见拜年者显著减少。前面也说过，男人出门拜年，女人则在家接待前来拜年的人，内外都忙，元旦当天根本没时间到剧场看戏，大剧场通常在初七以后才开幕，这是明治时代的惯例。而近年来于元日当天开幕的剧场都客满，难怪新年时市内会很寂寥。

给忙碌世人带来极大方便的正是贺年片。与之同时，令人感觉人生像失落了什么的，大概也是贺年片吧。

冈本绮堂生于明治五年（1872 年），殁于昭和十四年（1939 年），他认为贺年片代替了亲自拜年的习俗，给人一种失落感。但对 21 世纪的日本人来说，元日当天若没收到任何一张贺年片，会令人感觉遭地球抛弃了一般。

日本邮局与书店、超市在十一月便开始贩卖贺年片，会用

▶ 祝各位牛年平安建康

电脑的人也可以自己制作独一无二的贺年片。邮局呼吁大家要在十二月二十五日前寄出，如此收件人才能在元日收到邮戳是一月一日的贺年片。

企业之间的贺年片通常大量印刷，但私人交情的贺年片可以保存下来成为自己的人生（或家庭）交友史记录。据说很多日本男性在退休后，因收到的贺年片数量骤减，会有一种已非现役社会成员的失落感。

眼下的现代人惯用手机短信或电子信件，所以寄送贺年片的数量也在逐年减少，例如 1998 年全国统计是三十七亿张，2004 年降至三十二亿张，2008 年更减到二十九亿六百万张。但根据调查，有八成日本国民还是喜欢在新年期间收到手写纸制贺年片。

日本的贺年片都有彩卷（彩票）号码，此制度于 1949 年实施。依我多年来的经验，只要收到二三十张，至少有一张会中到末奖的一联邮票。

此外，如果过去一年中有亲人过世，必须提早寄出“丧中欠礼”（もちゅうけつれい / Mochu-ketsurei）明信片，告知对方今年因家中遭逢不幸，无法寄出贺年片，如此一来，对方在该年也不会寄贺年片给你。

➢ 作者送给各位读者的“喵”牛卡片

➢ 作者送给各位读者的“汪”牛卡片

忘年会

忘年会：ぼうねんかい / Bo-nenkai（十二月下旬）

“忘年会”与新年过后的“新年会”（しんねんかい/Shinnenkai）是日本“居酒屋”（いざかや/Izakaya）行业最赚钱的时期。往昔我在 NTT 上班时，最怕的正是加班日和忘年会、新年会。

碰到必须加班的日子，只能打电话回家吩咐大儿子用微波炉温冰箱内的剩菜给弟弟吃，这是件无奈的事，无论家里有没有小孩，大家都要加班，不能以单亲家庭为由而拒绝。但碰到忘年会、新年会时，想到家里有两个小学生在等我回家做饭，真是坐立不安，哪有心情跟同事喝酒兼打情骂俏？

不过，说实话，这种组织或机构举办的宴会很好玩，每个员工都要上台表演节目，而且酒一下肚，可以瞧见每位同事平日深藏不露的另一面。

▶ 居酒屋的大叔

年末大扫除

煤払い：すすはらい / Susuharai（十二月二十七日前后）

“煤払い”是比较古雅的用词，意思是掸拂尘垢、蛛网、煤烟，用口语来说就是年末“大掃除”（おおそうじ / Ohso-ji，大扫除）。但是，同样是大扫除，“煤払い”用在俳句季语是属于冬季十二月，“大掃除”则是春季三月。理由是学校在四月开学，通常在三月末举行全校大扫除，而“煤払い”指的是年末大扫除，算是传统用词，所以即便平日不作俳句的人也懂得这两个

▶ 年末大扫除

词的区别。

只是，现代主妇已经不来这套了，因为现代的清扫用具五花八门，除非平日真的很懒，屋内积满尘埃，否则不必在忙得焦头烂额的十二月进行大扫除。我都选在五月黄金周进行，那么一些打算丢弃的家具或书架、自行车、家电等，可以直接开车搬运至清扫中心。

如果选在年末大扫除，不但要向市政府清扫队预约搬运日期，还要按类别缴费，例如一辆自行车要六百日元，微波炉要三百日元（每个县市收费都不同）。当然自己开车送到清扫中心也要看废弃物类别而缴费，但清扫中心除了年底年初和周末休假，平日或国定假日都不必预约，可以随时在指定时间内搬运废弃物过去，对我来说，在黄金周进行大扫除最方便。

大晦日

大晦日：おおみそか / Ohmisoka（十二月三十一日）

根据《说文解字》:“晦，月尽也。”晦日，即阴历每月的最后一天，表示“月终，阴之尽”。十五日满月，但晦日无月，因此才有“晦日用兵，兵法所忌”这句话。反之，阴历每月初一是“朔日”（さくじつ / Sakujitsu）。

“晦日”（みそか / Misoka）原本指每个月最后一天，前面加个“大”字，意谓一年最后一个月的最后一天，相当于中文的“除夕日”，除夕晚上称为“除夜”（じょや / Joya）。

这天当然是全家人聚在一起吃团圆饭的日子，中国人习惯在年夜饭后发压岁钱，日本人是元旦吃完“御節料理”之后才发压岁钱。除夕晚餐则随意，有人吃火锅，有人干脆全家人到饭店吃大餐。只是，十二点之前要回家吃“年越し蕎麦”（としこしそば / Toshikoshisoba），亦即过年荞麦面，祈愿新的一年可以像荞麦面那般健健康康。此外，日本人也有吃年鱼的习惯，大致来说，关东人吃鲑鱼，关西人吃鰤鱼。

以前我家都是除夕晚饭后，母子三人围坐“炬燵”（コタツ / Kotatsu，暖桌）观看 NHK 的“紅白歌合戦”（こうはくうたがっせん / Ko-haku Utagassen，红白歌会）。节目结束，紧接着就是现场转播全国各地的“除夜の鐘”（じょやのかね / Joya no kane，除夜钟），听完庄严的一〇八次钟声后才各自去睡觉。

但近几年则会于事前挑选参加红白歌会的歌手，先算好时

▶ 除夜钟

➤ 年鱼，关东人吃鲑鱼

➤ 年越荞麦面

间，轮到自己喜欢的歌手出场时才转台至 NHK，其他时间就随便看，随便转台。反正我在十二点前必须下厨准备做过年荞麦面，儿子爱看哪个台就看哪个台。

提到红白歌会，倘若按照我前面说的红色代表男人，那么红组应该是男生队，白组是女生队才是传统做法。只是这节目是第二次世界大战后才开始的，而且起初是广播电台节目，何况在户籍上性别是男性的美川宪一曾参与红组，而户籍上性别和日常生活都是女性的和田 Akiko 也曾参与白组，所以我们就不必去鸡蛋里挑骨头，看热闹就行了。

在中国常见的放爆竹（ばくちく / Bakuchiku）光景，在日本很罕见，要是我在院子放爆竹，保准会惊动左邻右舍纷纷出来问到底发生了什么事，搞不好还会因烟雾问题而招来一阵呜呜作响的消防车骚动。

新年初始，祝各位看官新年快乐，健健康康，平平安安，福到财到。年饭多吃一点，红包多拿一点，偶尔多想我一点。

あけましておめでとうございます／Akemashite Omedeto-gozaimasu

（恭贺新年。）

今年もよろしくお願い申しあげます／Kotoshi mo yoroshiku onegai mo-shiagemasu

（今年也请多多指教。）

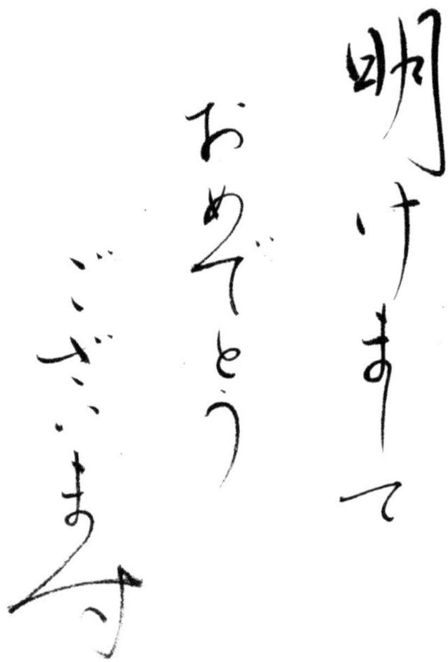

➢ 恭贺新年

换成年轻人手机短信的道贺，便简略为：

あけおめ　ことよろ / Akeome Kotoyoro

（翻译成中文应该是“贺年，今年关照”，但这种简略的问候只能用在交情较好的平辈或晚辈之间，绝对不能发给长辈或上司。）

▷ 迎春

一月

いちがつ / Ichigatsu

正月

正月：しょうがつ / Sho-gatsu（一月一日—七日）

不用我说明，正月就是新年，一般口语都说成“お正月”（おしょうがつ／Osho-gatsu）。一月一日是“元日”（がんじつ／Ganjitsu），元日早晨称为“元旦”（がんたん／Gantan）。

成书于1446年的日本百科辞典《壒嚢钞》（あいのうしょう／Aino-sho-，总计十五卷）记载，古代中国皇帝均于每年第一个月接受文武百官朝拜，并决定一年的政事，故阴历一月古时叫“政月”。到了秦朝，因为秦始皇是一月出生，取名“嬴政”，之后便把“政月”改为“正月”。

一月三日为止是“三が日”（さんがにち／Sanganichi），“役所”（やくしょ／Yakusho，县、市、町政府）之类的“官公署”（かんこうしょ／Kanko-sho，行政机关）通常自十二月二十九日放假至一月三日，因此必须到行政机关办事的人要赶在二十八日前办完。但是，出生、死亡、结婚、离婚登记是例外，一年三百六十五天二十四小时都有人值班代理。

七日为止是“松の内”（まつのうち／Matsunouchi），意思是一月七日那天要卸下所有新年装饰。新年装饰在十二月二十日至二十八日之间就要完成，万一没时间，也得在三十日全部搞定。二十九日的“九”（く／Ku）跟“苦”同音，不能在这天装饰；而三十一日那天算是“一夜飾り”（いちやかざり／Ichiyakazari，一夜装饰），也就是临时抱佛脚，表示你缺乏诚意迎接新年，均不适合。

新年要装饰什么呢？那可多了。首先大门前要装饰一对“門松”（かどまつ／Kadomatsu，门松），主角是竹子、松叶，竹子表示长寿，常绿松叶可以让“年神”（としがみ／Toshigami）附体；配角是两株红白“葉牡丹”（ハボタン／Habotan，羽衣甘蓝）以及增加喜气的梅花、南天竹。正面看上去，左侧是“雄松”（おまつ／Omatsu），右侧是“雌松”（めまつ／Mematsu）。

正式的门松很大，价格也比较昂贵，必须请专家设置，通常只有在行政机关、邮局、商店、企业、神社、寺庙等才看得到。不过超市有卖各式各样的迷你型门松，是提供给一般家庭用的。最简略的门松是“松竹梅”（しょうちくばい／Shochikubai）。“松竹梅”在日本是福寿代表，源自中国古诗的“岁寒三友”（さいかんさんゆう／Saikan Sanyu-）。松，经冬不凋，象征刚正节操；竹，筛风弄月，高雅潇洒；梅，迎寒而开，一身傲骨。“花中四君子”则指梅、兰、竹、菊。

曾到日本旅游的人，或许会发现无论寿司或烤鳝鱼盖饭甚至套餐，日本饮食业通常将最高级、高级、普通餐点等级以松、竹、梅代称。其实松、竹、梅本来没有等级之分，是凡事注重体面的江户人基于叫饭时若大声呼唤“特上”（とくじょう／Tokujo-，最高级）、“上”（じょう／Jo-，高级）、“並”（なみ／Nami，普通），会马上让人看穿你的荷包到底有几两，因此才以松、竹、梅代称。

另一种说法是“松”（まつ／Matsu）代表爸爸，“竹”（たけ／Take）代表妈妈，“梅”（うめ／Ume）代表孩子。爸爸吃最高级的，妈妈吃二等的，小朋友靠父母养，不能太嚣张，吃

▶ 门松、叶牡丹

最便宜的就好。

但是，日本某些高级料亭会故意调整顺序，变成梅、竹、松，听说主要用在公款饭局。也就是说，在不用花太多钱的客户面前叫“松”级套餐，客户会以为自己是贵宾而暗自高兴；对真正要花钱的重要客户则叫“梅”级套餐，再向客户说明此家料亭最高级的才是“梅”，客户一样会开心。如此，接待人员便能左右逢源，两头做大。我倒是很好奇，这种料亭的“竹”，对象到底是哪类客户呢？

➢ 门松

➢ 门松、南天竹

接下来是“注連縄”（しめなわ / Shimenawa，稻草绳），就是在草绳上绑上白色“紙垂”（しで / Shide），挂在玄关门口，表示一种“結界”（けっかい / Kekkai，结界），禁止一切灾祸进门，跟西方诸

国的圣诞节月桂花环类似。新年的“注連縄”称为“注連飾”（しめかざり／Shimekazari，注连饰），每逢年底，沿街商店或超市都有卖，五花八门，随便你选。

➢“注連縄”（稻草绳）

“注連縄”源自日本神话，据说天照大神（あまてらすおおみかみ／Amaterasu Ohmikami，女神，天皇家祖先神）躲进“天岩户”（あまのいわと／Amanoiwato，洞窟），世界变成一片黑暗，八百万众神费尽心思在洞窟前跳舞，才引出天照大神，之后在洞窟围上绳索，不让天照大神再度躲进去。朝鲜半岛中南部也有类似的“禁縄”（クムジュル／Kumujuru，禁绳）风俗。

至于中国，南朝梁代宗懔（约 501—565）撰写的《荆楚岁时记》是记载荆楚岁时习俗的著作，也是中国保存至今最早的一部古代岁时节令专著。书中记载：“正月一日是三元之日也……帖画鸡户上，悬苇索于其上，插桃符其傍，百鬼畏之。”

“画鸡”指的是剪纸鸡，晋人董勋《问礼俗》曰：“正月一日为鸡，二日为狗，三日为猪，四日为羊，五日为牛，六日为马，七日为人。正旦画鸡于门……”而“鸡”又与“吉”同音。“桃符”是今日的中国春联，“苇索”正是用苇草编成的绳索。

《荆楚岁时记》在奈良时代（ならじだい / Narajidai，710—794）传进日本，而记载日本神话的《古事记》（こじき / Kojiki）于 712 年完成，这么看来，日本的“注連縄”风俗在《荆楚岁时记》传进日本之前便存在了。全日本规模最大的“注連縄”是岛根县（しまねけん / Shimaneken）出云大社（いずもたいしゃ / Izumotaisha）神乐殿（かぐらでん / Kaguraden）的“注連縄”，长十三米，圆周九米，重五吨。

➢ 岛根县出云大社的“注連縄”，全日本规模最大，长十三米，圆周九米，重五吨

不过，一千数百年后的今日，许多源于中国而早已失传的岁时风俗，日本和韩国都保留了下来。历经如此悠久岁月，日本和韩国均不可能原汁原味地保留这些风俗，但多少可以寻出古代中国岁时风俗的原始模式。

门口挂上“注連縄”后，玄关进门鞋柜或架上可以搁置用红白纸包裹的木炭，因黑色避邪，“炭”（すみ / Shumi）发音与“住”一样，可祈愿永住。

屋内装饰的是“鏡餅”（かがみもち / Kagamimochi，镜饼），本来应该搁在“床の間”（とこのま / Tokonoma，壁龛），但是因为都市区公寓族家庭大多没有这类奢侈空间，所以通常摆在客厅显眼处。

➢ 镜饼

镜饼是整套的，下方是“三方”（さんぼう、さんぽう／Sanbo-、Sanpo-），即供神祇用的高架方木盒，此方木盒前方和左右各开个圆洞，因而称为“三方”。方木盒上搁一张和纸，再垫“昆布”（コンブ／Konbu）、“裏白”（うらじろ／Urajiro，里白）。

昆布发音跟“喜ぶ、悦ぶ”（よろこぶ／Yorokobu，喜悦）相似，祈愿今年有喜事来临之意；里白则是表绿内白的羊齿植物，装饰时以白色那面朝上，意谓没有表里之分的纯洁心灵，也有能活到白发苍苍之意。

昆布和羊齿上再搁一大一小的圆“餅”（もち／Mochi，年糕、麻薯），圆形意谓镜子和心脏（灵魂），一大一小表示日（阳）、月（阴），这个“餅”可以让稻神附体，通常用在喜事时。圆饼上再装饰“海老”（えび／Ebi，虾）、“橙”（だいだい／Daidai，酸橙）、“熨斗鮑”（のしアワビ／Noshiawabi，扁平干鲍）或“干し柿”（ほしがき／Hoshigaki，柿饼）。

虾，因其弯曲，表示可以长寿到弯腰驼背；橙，因果实长久不落，发音跟“代代”相同，意谓可以代代荣华；柿饼则因柿子是长寿之木，关西地区的习俗是把十个小柿饼穿成一串搁在圆饼上，关东地区是用扁平干鲍。“熨斗鮑”就是古代用火炭熨斗把削平的鲍鱼拉长再晒干的干鲍，赠品之意，也有延寿之意。

现代人都在超市买迷你型镜饼回来装饰，尺寸很小，可以搁在电视或书桌、书架、饭桌上，女孩子就把它搁在化妆台上。现在还有小叮当镜饼、Hello Kitty 镜饼，十二月末到日本旅游的人，不妨逛一下超市、便利商店或百货公司，买个小镜饼回国当纪念品也不错。

元旦料理

御節料理：おせちりょうり / Osechi Ryo-ri（一月一日）

“御節料理”是正月料理，简称“御節”（おせち／Osechi，御节）。本来是在节日供奉神祇的“神饌”（しんせん／Shinsen，神馔），现在变成元旦料理专用名词。由于目的在于让女人休息到初三都不用下厨，所以日本元旦料理均采用保鲜日期比较长的调理法，换句话说，即便家中没有冰箱，也可以放三天左右。

正式的御节料理必须盛在四方形的“重箱”（じゅうばこ／Ju-bako）里，总计四层，也就是四个漆器盒子重叠成一个大型便当盒。这种“重箱”用途很广，赏花、学校运动会、郊游等，通常都用“重箱”当作饭盒，可以装多人份食品。又因为是隔开的，也能避免主食和菜肴、水果混在一起。

最上层的盒子称为“一の重”（いちのじゅう／Ichinoju-），依次是“二の重”（にのじゅう／ninoju-）、“三の重”（さんのじゅう／sannoju-）、“与の重”（よのじゅう／yonoju-）。

第四层的“四”（し／Shi）与“死”（し／Shi）同音，因此改称为“与”（よ／Yo），“四”的另一个发音正是“よ／Yo”。不过现代大多是核心家庭，三层的“重箱”较普遍。传统式的另有“五の重”（ごのじゅう／Gonoju-），是空盒，表示将来还有余地添加财富、幸福。

“一の重”绝对要盛“三つ肴”（みつざかな／Mitsuzakana），关东地区是“黑豆”（くろまめ／Kuromame，黑豆）、“数の子”（か

▶ 一般家庭的三重御节料理

ずのこ／Kazunoko）、“田作”（たづくり／Tadukuri）；关西地区是“数の子”、“黑豆”、“たたき牛蒡”（たたきゴボウ／Tataki gobo-）。

黑豆表示能勤劳工作，因为“豆”（まめ／Mame）和“忠实”（まめ／Mame，忠实）同音，且黑色能避邪。有些地区会在黑豆中加入原产于中国的草石蚕（チョロギ／Chorogi），于江户时代传进日本，当时江户人将其音译成“朝露葱”、“长老贵”或“千代老木”，因其形状类似装稻米的草包，所以是元旦吉祥物之一。

“数の子”是腌渍鲱鱼卵，而鲱鱼别名“春告魚”（はるつげうお／Harutsugeuo，报春鱼），是比春天更早来临的春使者，意谓子孙满堂。“田作”是把小鱼干煮成甜酱油味又有点辣的储存食品，表示丰收，这源自往昔把小鱼干当肥料撒在稻田的习俗。某些地区称“田作”为“五万米”（ごまめ／Gomame），据说往昔天皇家财政穷乏时，没钱买带鱼头的整尾大鱼，只好用廉价的小沙丁鱼代替，之后民间也模仿天皇家，把小鱼列为喜膳之一。关西地区的“たたき牛蒡”是用擂槌把牛蒡拍扁，再拌成芝麻醋味，意谓细水长流。

其他料理是“紅白かまぼこ”（こうはくかまぼこ／Kohaku kamaboko，红白鱼板，表示日出、新的开始）、“伊達巻”（だてまき／Datemaki，用鸡蛋和鱼肉泥、虾泥煎成，表示和睦）、“栗金団”（くりきんとん／Kurikinton，甜栗子，表示黄金）、“昆布巻き”（こんぶまき／Konbumaki，用昆布卷鱼煮成酱油甜味，包裹幸福之意）。大致是这七种。总之，每个盒子盛的料理种类数是奇数，因为日本人视奇数为吉数。

“二の重”装的是醋拌凉菜：“紅白なます”（こうはくな

▶ 鲱鱼卵、红白甜醋萝卜丝

▶ 黑豆、田作、昆布卷

➤ 御节料理一重内的三肴：黑豆、鲱鱼卵、田作

ます／Ko-haku namashu，用胡萝卜丝、白萝卜丝拌成酸甜味道，红白在日本向来意谓喜事）、“酢レンコン”（すれんこん／Shurenkon，醋藕，藕有洞，表示可以看透前景），以及其他醋凉拌菜。

“三の重”是海味，烤虾、烤鱼那类；“与の重”则是山珍，红烧芋头、红烧竹笋、红烧香菇那类。

记得往昔与已故的前任婆婆一起居住时，上述那些御节料理都要亲手做，而且必须赶在三十一日前做完。元旦当天，所有儿孙都会聚集来拜年，那时就摆出这些御节料理待客，而我这个小媳妇光是应付那些拜年客就忙得晕头转向，根本没时间去享受那些料理。

现代都市人的御节料理都用订的，超市、百货公司、餐厅，甚至连东京著名料亭也可以订货。只是价格不便宜，起价通常在两万日元以上，量也不多，大概只足够一家四口吃一餐。反正是一种庆贺料理，现代家庭没人会真的连吃三天了。

屠苏

屠蘇：とそ / Toso（一月一日）

“屠蘇”一般称为“おとそ / Otoso”，也就是元旦喝的屠苏酒，以屠苏、山椒、白术、桔梗、防风、肉桂等药草调制而成的酒，可避邪、除瘟疫，这是传自古代中国的习俗。南朝梁代宗懔《荆楚岁时记·正月》中记载：“长幼悉正衣冠，以次拜贺，进椒柏酒，饮桃汤。进屠苏酒……”

《荆楚岁时记》成书于 6 世纪，而将此风俗传进日本的是 811 年以唐使身份访日的苏明。起初是宫中仪式，后来传遍民间。现代日本仍在卖屠苏粉。

▶ 屠苏器

喝屠苏酒时，有喜事专用的“屠蘇器”（とそき / Tosoki，漆器）。虽然大部分现代人均以日本酒代替屠苏酒，但仍惯称元旦喝的酒为“御屠蘇”（おとそ / Otoso）。日本人大概只有在元旦、赏花时期和婚礼时可以光明正大地在白天喝酒，否则白天喝酒在日本会惹人嫌。

元旦用的筷子也跟平日不一样，超市或百元商店都有卖元旦专用筷子，称为“柳箸”（やなぎばし / Yanagibashi）。这是深恐新年第一天不小心把筷子折断不吉利，所以用柳制筷子。且通常包装成红、白两色。此外，“柳”（やなぎ / Yanagi）跟“家内喜”同音，也算图个吉利，而且“柳箸”头尾都是尖的，表示一端给人用，另一端给神祇用。听说京都人在十五日之前都用“柳箸”。

筷子的日文是“箸”（はし / Hashi），一般口语都会在前头加个“御”（お / O），称为“おはし / Ohashi”。与中国筷子比起来，日本筷子较为娇小，而且是尖筷，用法是在一双筷子之间夹一根手指灵活运用。要看某人会不会用筷子，只要看对方

➢ 柳箸

▶ 柳箸

▶ 日本一般筷子：尖筷

会不会吃鱼便知道了。日本人吃烤鱼时，吃了上方那侧，不能翻转鱼再吃下方那侧，而是用筷子剔出鱼骨，接着吃下方一侧。

此外，日本家庭的“茶碗”（ちゃわん / Chawan，茶杯、饭碗）、筷子，均是“属人器”（ぞくじんき / Zokujinki），也就是各人有各人专用的碗、筷、茶杯。到日本人家里做客时，主人为了招待客人，通常会让客人用卫生筷，而自家人吃饭时，由于都用自己的专属碗筷，所以各自的碗筷花色都不同。

根据我的经验，大部分家庭在孩子成长至会用筷子时，便会为他们准备专属碗筷。小时候都是妈妈帮他们挑选，上了幼儿园，孩子会自己挑选自己中意的碗筷和茶杯。我家两个儿子目前都已离家自立，家中早就没有他们的专属碗筷，每逢过年过节回家小住几天时，我也是让他们用客人专用的碗和卫生筷。

使用筷子的禁忌是不能把筷子插在米饭上，理由跟中国人的相同，这是拜祭祖先时的方式。另有个千万不能犯的禁忌是彼此用筷子交换菜肴，也就是说，不能用筷子直接接受对方夹的菜肴，因为日本人在故人火葬后，亲人夹骨灰时是两人用一双“骨箸”（コツバシ / Kotsubashi）同时夹一块遗骨放入“骨壶”（こつつぼ / Kotsutsubo，骨灰罐）内。另外，由于日本人没有为客人夹菜的习惯，中国人那种为表热忱夹菜到客人碗内的行为，往往会被视为不卫生。

其他还有很多禁忌，在此简单举几个例子：

“握り箸”（にぎりばし / Nigiribashi），用手指握筷子，这是表示攻击，因为筷子可以当武器。

“突き箸”（つきばし / Tsukibashi），用筷子插芋头之类的

菜肴，这动作跟料理人在查看芋头有没有煮熟时的动作相同，客人这样做，等于怀疑料理人的手艺，对料理人来说是一种失礼行为。

“叩き箸”（たたきばし／Tatakibashi），此禁忌跟中国人的一样，不能用筷子敲打碗盘。

“指し箸”（さしばし／Sashibashi），用筷子指着人或物。

“迷い箸”（まよいばし／Mayoibashi），不知道该吃哪种菜肴，用筷子在盘子上移来移去的行为。

“移り箸”（うつりばし／Utsuribashi），表示本来想夹某盘子内的菜肴，临时又移至另一盘的动作。

“舐り箸”（なめりばし／Nameribashi），用舌头舔筷子。

“直箸”（じかばし／Jikabashi），指吃中国菜时直接用自己的筷子夹大盘子内菜的行为，正确的方式是用另一双公筷。

“渡し箸”（わたしばし／Watashibashi），吃饭途中休息时把筷子搁在碗盘上的动作。日本人用筷子时通常另有一个专门搁筷子的“箸置き”（はしおき／Hashioki，筷子托），倘若没有，就直接搁在桌子或“食膳”（しょくぜん／Shokuzen，托盘）上。

总的来说，日本人用筷子的禁忌比中国人多，喝汤汁时也用筷子，没有用汤匙或调羹的习惯。日本料理的汤汁通常有一片香橙或山椒叶当装饰，用筷子可以避免喝汤时一起喝下这类装饰。

杂煮

雜煮：ぞうに / Zo-ni（一月一日）

“雜煮”（杂煮）是元旦吃的汤汁料理，起源于 15 世纪，当时酱油还不普及，庶民吃的都是味噌汤味的，里面有麻薯。现代杂煮大致分为关东风味、关西风味。关东风味是长方形的烤麻薯加鸡肉、虾、鱼板、青菜，煮成柴鱼酱油汤味；关西风味是圆麻薯加芋头、烤豆腐、萝卜，煮成味噌汤味。

这道元旦汤汁可以说是地方色彩非常浓厚的乡土料理，各地味道都不同，即使同样是关东人，各个家庭的味道也不一样，算是母亲的味道。一般日本男人终生都忘不了的家常菜，大概正是每天喝的“味噌汁”（みそしる / Misoshiru）和元旦的杂煮。

➤ 关西风味杂煮

男人于婚后，无论女方烹调功夫有多高，通常会为了这两道汤汁味道而口角一番。味噌汁算是最基本也是最自由的日本家常菜之一，

➢ 江户风味杂煮

➢ 蚬味噌汁

只要把汤头做好，要加什么料以及加白味噌、赤味噌或白赤味噌混合都无所谓。再说即便是白、赤味噌，种类也多到无以计数，因此日本家庭甚或餐厅的味噌汁，每家味道都不一样。甚至连自家的味噌汁也会基于做饭人当天的心情而有变化。

换句话说，味噌汁做法虽然非常简单，却千变万化，极为奥妙，没有所谓的经典。有时候连我自己无意中做出一道感觉是天下第一的味噌汁时，第二天我就做不出来了。因为我完全忘了当时到底是怎么混合白赤味噌的。不是说忘了，而是在混合白赤味噌时，通常很随意，心血来潮地这边一汤匙、那边三汤匙地搅拌，当然也就没有料理书或料理电视节目中那种“白味噌 × 汤匙，赤味噌 × 汤匙”的教条。

我觉得所谓“娘家味”正是这种随意做法。只是，就算是随意，还是有个人坚持或个人口味，否则不会令每个人到了某个年龄时，总会怀念起“娘家味”，也总会想吃那些料理……遗憾的是，人到了想吃娘家料理时，通常也表示那人早已离巢，即便有钱也吃不到。

在此说的“娘家味”，指的并非母亲亲手做的料理，而是自孩提时代直至身心都很敏感的青春时代为止经常吃的料理。

话又说回来，纵使夫妻俩在新婚期可能为了这两道汤汁而发生口角，但只要结婚时间一长，掌厨人会渐渐融合双方的家庭口味，发明出自家的独特味道，成为孩子永远难忘的“おふくろの味”（おふくろのあじ / Ofukuronoaji，娘家味）。

元旦日出

初日の出：はつひので / Hatsuhinode（一月一日）

往昔的日本人相信“年神”（としがみ／Toshigami）会随元旦日出显灵，因此现代仍有很多人习惯在元旦黎明到海岸、山顶、展望台观看新年第一次日出。山顶日出称为“御来光”（ごらいこう／Goraiko-）。

此习惯是明治时代以后才兴起的，之前都跟宫中新年仪式的“四方拝”（しほうはい／Shiho-hai，四方拜）一样，由一家之主对着东南西北四方合掌礼拜迎接“年神”。

新年日出的“御来光”

初诣

初詣：はつもうで / Hatsumo-de（一月一日）

“初詣”（初诣）又称“初参り”（はつまいり / Hatsumairi）。元日早朝吃了御节料理、杂煮，喝了屠苏酒，小朋友领了压岁钱，全家人便可以换穿衣服出门去初诣。

现代日本年轻人（尤其是情侣）喜欢凑热闹、赶流行，除夕那晚，电视上经常现场转播东京明治神宫挤沙丁鱼式的参拜光景。外国人看了，会误认为必须在除夕夜去参拜，其实根本没那回事儿，只要在“松之内”这七天内去参拜便行了。而且不用跑到远方著名神社或寺院排长龙，最好到离家最近的神社参拜。俗话说“远水救不了近火”，还是找距离最近的当地神祇比较实在。

▶ 新年穿和服到神社参拜

参拜方式是先在“手水舍”（ちょうずや / Cho-zuyz，てみずや / Temizuya）洗手、漱口，再到正殿前丢“賽銭”

➢ 神社前的“手水舍”

（さいせん／Saisen，香钱）、摇铃、二拜、二擊掌、一拜、祈愿。寺院是合掌即可。

我每年都到我家附近的北野天满宫（きたのてんまんぐう／Kitano Tenmangu-）参拜，神社规模不大，却是埼玉县指定文化财，历史非常悠久，可以追溯至神代时代。主祭神是学问之神——菅原道真（すがわら のみちざね／Sugawara no Michizane，845—903）。

这座神社平日没人看管，但新年期间会有“宫司”（ぐうじ、みやづかさ／Gu-ji、Miyadukasa，神官职称）或“禰宜”（ねぎ／Negi，神官职称）出来卖“缘起物”（えんぎもの／Engimono，吉祥物）。每逢新年，平日只能停二十辆左右的停车场老是爆满，参拜者一直排到“参道”（さんどう／Sando-）尽头“鳥居”（とりい／Torii，神社入口的牌坊）前的石阶下。

➢ 作者家附近的北野天满宫

石阶外就是马路，可参拜者仍规规矩矩地排在马路一侧。

我不喜欢凑热闹，向来都在五日或六日才前往神社参拜。由于骑自行车便可抵达，每次出书时，我也会到神社去祈个小愿。这种平日没人参拜的当地小神社，有一种特异氛围，鸟居石阶下的马路明明不时有汽车或卡车呼啸而过，但只要一跨进鸟居，就仿佛跨进另一个与世无争的世界，五根清净，心神俱爽，所有烦恼皆消失。

2008年神社“初詣”参拜者数排行榜则如下：

第一名：明治神宫（めいじじんぐう／Meiji Jingu-，东京都涩谷区，三一二万人）

第二名：成田山新胜寺（なりたさんしんしょうじ／

Naritasan Shinjo-ji，千叶县成田市，二九〇万人）

第三名：川崎大师平间寺（かわさきだいしへいけんじ／Kawasaki daishi Heikenji，神奈川县川崎市，二八七万人）

第四名：伏见稻荷大社（ふしみいなりたいしゃ／Fushimi inari Taisha，京都府京都市，二六九万人）

第五名：热田神宫（あつたじんぐう／Atsuta Jingu-，爱知县名古屋市，二三五万人）

第六名：鹤冈八幡宫（つるがおかはちまんぐう／Tsurugaoka Hachimangu-，神奈川县镰仓市，二三四万人）

第七名：住吉大社（すみよしたいしゃ／Sumiyoshi Taisha，大阪府大阪市，二三一万人）

第八名：金龙山浅草寺（きんりゅうざんせんそうじ／Kinryuzan Senso-ji，东京都台东区，二一六万人）

第九名：太宰府天满宫（だざいふてんまんぐう／Dazaifu Tenmangu-，福冈县太宰府市，二〇一万人）

第十名：大宫冰川神社（おおみやひかわじんじゃ／Ohmiya Hikawa Jinja，埼玉县埼玉市，二〇〇万人）

➢ 京都伏见稻荷大社

➢ 金龙山浅草寺

光是以上十处就聚集了将近两千五百万人，全国统计大致有九千五百万人。可见无论什么宗教，对日本人来说，初诣是非常重要的一项例行仪式。

至于压岁钱，长辈发给晚辈的压岁钱称“お年玉”（おとしだま／Otoshidama），但晚辈送给长辈（例如给年迈的祖父母）的压岁钱则称为“お年賀”（おねんが／Onenga）。

装压岁钱的小纸袋叫“お年玉袋”（おとしだまぶくろ／Otoshidamabukuro），另一个称呼是“ポチ袋”（ポチぶくろ／Pochibukuro），“ポチ”（Pochi）是“小小”的意思，表示“只是一点心意”。

在日本，该不该发压岁钱给孩子，完全看父母双方的地位关系，例如部下到上司家（或学生到老师家）拜年，部下不用发压岁钱给上司的孩子，因为压岁钱基本上是长辈、上司发给晚辈、部下的。发压岁钱时，万一没准备压岁钱纸包，那就用面纸、纸巾代替，不能直接递纸币给对方。纸币要折成三折，不能折成与“死”同音的四折，而且肖像要往内折，让领压岁钱的人打开时可以看到肖像。

➤ 年玉袋 / 压岁钱袋

新春开笔

書き初め：かきぞめ / Kakizome（一月二日）

这是新年第一次用毛笔写字或绘画的例行仪式，此习俗自江户时代便有了。江户时代的大人在这天出门拜年，小孩子则到“寺子屋”（てらこや／Terakoya，私塾）参加“書き初め”（かきぞめ／Kakizome，新春开笔）活动。家中有小孩的现代日本家庭，大人都会在二日这天监督孩子写书法，这也是小朋友的寒假作业之一。

江户时代的“書き初め”，全体学生会聚集在私塾写书法，写完后，每张毛笔字作品都挂在私塾内展出。之后，大家一起玩抽奖、和歌纸牌游戏，再一起吃荞麦面等年饭，最后捧着老师发给的橘子及糖果回家。这天，私塾老师会花一笔数目不小的费用，所以大部分学生会带二百文左右的谢礼来。武家子弟的私塾老师通常是“旗本”（はたもと／Hatamoto，将军直属家臣），因武家礼数比较严格，没有抽奖之类的余兴节目，顶多带白扇或白纸来而已。

当时的孩子只学平（片）假名、草书、行书三种。楷书是非实用字，相当于现代的隶书，日常生活不用楷书。想学楷书的人必须另外跟书法家学。书法家与私塾老师当然不同，可见楷书在当时是一种风雅嗜好。现代日本许多成年人不时兴这玩意儿，但家中有孩子的家庭必定会让孩子在二日写毛笔字。开学后，孩子们还要在学校集体写一次，老师会将学生写的毛笔

▷ 文房四宝

字贴在教室后方公告栏上，此习惯倒是跟江户时代的私塾老师一样。

往昔，我家两个儿子还在上学时，每年一月二日，我都会陪孩子写毛笔字。一来好玩，二来因为儿子说我体内有一半汉人血统，毛笔字写不好不像话。这真是个美丽的误解，谁说凡是汉人都会写一手漂亮的毛笔字啊？恐怕连汉人自己也不敢如此自夸吧。

全日本所有小、中、高校都会举办“書き初め”展览大会，并有町、市、县大会比赛。在县大会比赛中得奖的作品可以参加全国大会。报社也会举行“書き初め”大会，让一般人报名参加，选出金、银、铜、佳作等得奖作品。我家附近的邮局也会在展览室展出“書き初め”得奖作品。这家邮局内的画廊时常举办插花、绘画、书法、雕刻、手艺品等市民文化作品展示会，也经常展示当地各小学的学生作品。

在日本，规模最大的应该是日本武道馆于每年一月五日举办的“全日本書き初め大展覧会”（ぜんにほんかきぞめだいてんらんかい / Zennihon kakizome daitenrankai），聚集约四千名参赛者，同时就地竞赛毛笔字，电视节目都会报道。2008 年是第四十四回大会，此大会已经成为日本新年的“風物詩”（ふうぶつし / Fu-butsushi，景物）之一。

顺便教各位看官一个专门用在一月二日的日文：“姫始め”（ひめはじめ / Himehajime）。光看汉字的话，“姫始”这个词似乎很典雅。站在阴阳师或传统礼法师的立场来解释，确实很典雅，是女性在新年第一次做针线活的日子，男性在新年第一次骑马的日子。

到了江户时代，歌舞伎剧作家近松门左卫门（ちかまつもんざえもん / Chikamatsumon zaemon，1653—1725）与浮世本作家井原西鶴（いはらさいかく / Ihara saikaku，1642—1693），在作品中把“姫始”这个词用在男女在新年的第一次亲密行为上，这种用法逐渐被人们接受，便沿用至今。学日文的人千万不要乱用，这算是闺房用词，除非夫妻或情侣，否则小心女生给你白眼看。

初梦

初夢：はつゆめ / Hatsuyume（一月一日——一月二日）

顾名思义，“初夢”就是元日或一月二日做的梦，日本人认为可以据此占卜往后一年的吉凶。最吉利的“初夢”顺序是：一富士、二鹰、三茄子（いちふじ、にたか、さんなすび／Ichi Fuji、Ni Taka、San Nasubi）。

“富士”跟“无事”（ぶじ／Buji）谐音，另有出人头地之意；“鷹”（たか／Taka，鹰）与“高い”（たかい／Takai）同音，意谓开运或实现梦想；“茄子”（なすび／Nashubi）表示可以成事的“事を成す”（ことをなす／Koto wo nasu），另有蓄财和子孙满堂之意。

这说法在四百多年前的江户时代初期便有了，富士山、鹰、茄子是静冈县（しずおかけん／Shizuokaken）名产，而开创江户幕府的德川家康（とくがわいえやす／Tokugawa Ieyasu）是静冈县人，江户庶民为了能跟统一天下的德川家康沾光，才创出这种俗说。

但现代日本人仍习惯用“一富士、二鹰、三茄子”来形容新年做的吉利梦。至于有没有人真的梦到富士山、鹰、茄子，就不得而知了。至少我从未在元日或二日做过这类吉祥“初夢”。

七草粥

七草粥：ななくさがゆ / nanakusagayu（一月七日）

日本新年第一个节日是“人日”（じんじつ / Jinjitsu）节，也就是吃七草粥的日子。这个“人日”是古代中国的节日，根据中国古代神话，据说盘古开天辟地时，女娲“以一日作鸡，七日作人”。汉代《东方朔占书》亦云：“岁后八日，一日鸡，二日犬，三日豕，四日羊，五日牛，六日马，七日人，八日谷。其日晴，所生之物育，阴则灾。”意思是七日占人，倘若这天是晴天，可以人丁旺盛；若是阴雨天，就会发生天灾人祸。日本正是沿袭了这种说法。

而吃七草粥的习惯也是传自古代中国，《荆楚岁时记》中就记载了“正月七日为人日。以七种菜为羹……”当时似乎称为“七宝羹”。此习俗是于8世纪奈良时代传进日本的，那时是用米、粟、稗、稻草、芝麻、红豆、黍……熬成。

8世纪末开幕的平安时代（へいあんじだい / Heianjidai）与其后的镰仓时代（かまくらじだい / Kamakurajidai）就已经开始用七草，不过当时似乎不是粥，而是跟古代中国南北朝一样是羹。到14世纪的室町时代（むろまちじだい / Muromachijidai）才演变为目前的七草粥，直至21世纪的今日。无论朝廷还是历代幕府将军、武家人都很重视此节日，可说是日本举国共度的节日。

阴历正月是阳历二月，正是春草突破冻土冒出头顶的萌芽

▶ 七草粥

时期，古人为了分享这种大自然力量才摘取春草嫩芽回来煮粥。不过现代日本则演变为元旦吃了太多美食美酒，这天要让胃休息，并有结束元旦热闹气氛的意思，因此一月七日别名“松之内”，表示今天要收拾在元旦期间装饰在大门外的门松。

现代七草粥材料都是超市帮主妇准备齐全，不用特地到野地去找，而且这七草本来因地而异，均利用当地土产的春草嫩芽来做，目前大致统一为“芹”（セリ／Seri，水芹）、“薺”（ナズナ／Nazuna，别名ぺんぺん草／Penpengusa，荠菜）、“繁縷”（はこべら／Hakobera，繁缕）、“仏の座”（ほとけのざ／Hotokenoza，宝盖草）、“御形”（ごぎょう／Gogyo-，别名母子草／ハハコグサ／Hahakogusa，鼠曲草）、“蕪”（カブ／Kabu，

▶ 春七草

芜菁）、“すずしろ”（Shuzushiro，即大根 / ダイコン / Daikon，白萝卜）。

就算没有这七种材料也无所谓，找七种春天萌芽的青菜或可以吃的野草来做即可，反正这是一种融合了咒术兼祈愿的节日，希望神祇保佑自己在这一年健康无病而已。七草粥的做法是先把七草煮熟（一两分钟便可，芜菁和萝卜切片煮久一点），再浸在冷水中去掉涩味，捞出挤干，切碎混入粥里，最后依个人口味加盐。日式做法通常在粥内加日式汤头，如此会隐约有甘味，不用加味精那类人工调味品。

另外，日本粥的做法跟中国台湾式稀饭不同，要用砂锅焖。先用中火煮开，再用勺子舀一下，以免米粒黏在锅底煮成时会焖焦。之后盖上锅盖用小火焖四五十分钟，其间都不能打开盖子用勺子舀，关火前再打开锅盖放入切碎的七草，加盐，用勺子舀匀，再盖上锅盖焖五六分钟便完成了。

镜开仪式

鏡開き：かがみびらき / Kagamibiraki（一月十一日）

“鏡開き”就是用木槌把元旦期间装饰的镜饼打碎，做成红豆汤或杂煮、炸麻薯。镜饼是让神祇附体的神圣食品，不能用刀刃切割，所以称为“開き”（ひらき / Hiraki），打开门户让神祇回去之意。此外，看过日本电视新闻报道或日剧的人，应该曾看过选举当选、商店开张大吉或婚礼时，会用槌子敲打酒桶的镜头吧？那行为也叫“鏡開き”，酒桶盖子称为“鏡”（かがみ / Kagami），敲开酒桶盖子表示一切重新开始。

▷ 红豆汤

成人式

成人式：せいじんしき / Seijinshiki（一月第二个星期一）

元月第二个星期一是“成人式”，本为1948年制定的元月十五日的国民假日，基于可以连放三天假，2000年起又改为第二个星期一。

事前，日本全国各个市、区、町、村会寄明信片给当地年满二十岁的人，请新成人在当天聚集在市政府或区公所指定的会场举行成人仪式。年龄按照所谓的学龄（がくれい／Gakurei）方式计算，也就是前一年四月二日至当年四月一日生的人。但每年在日本全国某处都会发生事件，不是在会场喝酒闹事，就是故意做些引起媒体注意的无聊事，因此每年都有新成人被捕。

往昔，成人式是很庄重的仪式，没人敢捣蛋。2001年香川县（かがわけん／Kagawaken）高松市（たかまつし／Takamatsushi）市长于成人式那天在台上发表祝词时，有五位新成人突然跑到台下对着市长放拉炮，并大喊大叫要市长下台。此事件经全国电视台播出后引起日本社会公愤，最后那五位闹事的新成人在事发后第三天投案自首。

在我看来，现代的日本新成人已经把戴冠仪式看成是一种祭典，也是另类的同窗会。又因日本法律规定满二十岁才能抽烟、喝酒，所以每年用我们这些真正成人缴的税金所办的成人式，会场都有免费酒让新成人喝个痛快，也因此才会有人酒醉闹事。

又因为有不少人离开家乡到其他县市就职升学，所以也有些地区将成人式定在五月的黄金周、八月盂兰盆节或正月元旦期间。成人式当天，大部分新成人都盛装参加，男子不是穿西装就是穿传统和服，女子穿套装或传统未婚和服的“振袖”（ふりそで / Furisode），可以令人大饱眼福。

➢ 神社在成人式时会举行射箭比赛

▶ 未婚女孩在成人式时穿“振袖”

小正月

小正月：こしょうがつ / Kosyo-gatsu（一月十五日）

元月十五日是“小正月”，通常吃红豆粥，又称“女正月”（おんなしょうがつ / On-na syo-gatsu），是让女人休息的日子。

而这天也是“左義長”（さぎちょう / Sagicho-，左义长）日，要烧掉所有在元旦期间装饰的稻草绳或门松、初二写的书法字等，因此又称“どんと焼き”（どんとやき / Dontoyaki）或“とんど焼き”（とんどやき / Tondoyaki），算是一种消灾除恶的“火祭り”（ひまつり / Himatsuri，火祭）。

▶ 在左义长日烧掉所有正月期间装饰的东西

据说“年神”会随黑烟升天，而烧火时用竹子串着麻薯、芋头、团子烤熟吃，一整年都可以无病息灾。

二月

にがつ / Nigatsu

节分

節分：せつぶん / Setsubun（二月三日）

“節分”（节分）是立春前一天。为了迎接春天并祈愿身体健康，这天要进行“豆撒き”（まめまき／Mamemaki，撒豆子）仪式，把邪气赶出门并迎进福神。

此仪式也是传自古代中国的“追儺”（ついな／Tsuina），“傩”是迎神赛会以乐舞驱逐疫鬼之意。《论语·乡党》记载：“乡人傩，朝服而立于阼阶。”傩舞是古时祭祀傩神时跳的舞，目的在于驱鬼逐疫，舞者头戴面具，手执兵器，表演驱鬼捉鬼舞蹈。傩神是驱除瘟疫的神。

日本朝廷于8世纪奈良时代引进此仪式，是宫廷仪式之一，只是古代宫廷都在除夕那天举行，韩国也有此传统。简单来说，往昔的“追儺”仪式便是今日的撒豆子“節分”。豆子是炒熟的“炒り豆”（いりまめ／Irimame，黄豆），称为“福豆”（ふくまめ／Fukumamc），撒豆子时要戴着妖鬼面具大喊“鬼は外，福は内”（おにはそと，ふくはうち／Oni wa soto，Fuku wa uchi，鬼出去，福进来），由一家之主或当年的“年男”（としおとこ／Toshiotoko，生肖年男子）担当。像我这种单亲家庭，就得由我这个家长负责撒豆子。

那为什么一定要用黄豆呢？这跟日本民间传说有关。据说古时候京都鞍马山（くらまやま／Kuramayama）住着“鬼”（おに／Oni），某天，毗沙门天（びしゃもんてん／

➤ 撒豆子把“鬼”赶出去

Bishamonten）唤来七位贤者，命他们用三斗三升（约六百公升）的黄豆击打鬼眼。鬼眼是“魔目”（まめ／Mame），用黄豆击打鬼是“魔滅”（まめ／Mame，魔灭），均与黄豆同音。

日本的“鬼”跟中国的“鬼”意义完全不同。中国的“鬼”指阴魂，日本的“鬼”出自“隠”（おん／On，隐）这个字，“隠”意谓所有邪气，是故日本的“鬼”代表一切大自然灾害、饥馑、疾病等。

“鬼”的图画形象是全身红色，头上有两根角，腰上缠着一条虎皮。十二支的丑属阴，而“鬼”住在“鬼門”（きもん／Kimon，鬼门），也就是“艮”（うしとら／Ushitora），东北方，介于“丑”（うし／Ushi）、“寅”（とら／Tora）之间，日本惯常用“丑寅”（うしとら／Ushitora）代替“艮”。“丑”是牛，“寅”是虎，所以日本的“鬼”有牛角、虎牙，腰上缠虎皮。

黄豆必须炒熟是因为深恐撒下生黄豆，万一发芽就变成邪气再度萌生之意，而且“炒る”（いる／Iru）和“射る”（いる／Iru）同音，炒黄豆表示把黄豆射进鬼眼中。

不过，有些祭祀鬼王的神社不能高喊“鬼出去”，还有姓氏中有“鬼”字的人家，例如姓“鬼頭”（きとう／Kito-，鬼头）、“九鬼”（くき／Kuki）等人家也不能把自家姓氏赶出门。

此外，玄关要装饰带刺的“柊”（ヒイラギ／Hiiragi，柊叶，异叶木樨），叶子上刺着“鰯、鰮”（イワシ／Iwashi，沙丁鱼）鱼头以便驱除“鬼”。据说柊叶刺和沙丁鱼鱼头的臭味可以赶走屋内邪气，这有点类似蒜头可以驱除吸血鬼的西方国家俗说。

撒完豆子，再各自吃下和当年自己岁数（在此应该算虚岁）一样多的黄豆，喝一杯“福豆茶”（ふくまめちゃ／Fukumamecha，豆子＋梅子＋咸昆布＋热茶），便可以一整年健健康康、快快乐乐地过日子。电视新闻报道会在这天播出全国各地著名神社邀请“年男”名人来撒豆子的情景，很多人会去

➤ 很多人会到神社抢“年男”名人撒的福豆

抢豆子沾福气。

这天还要吃“恵方卷”（えほうまき / Eho-maki，惠方卷）寿司，即裹着代表“七福神”（しちふくじん / Shichifukujin）的七种寿司馅粗卷寿司，而且不能切，必须面带微笑无言地对着当年的“恵方”（えほう / Eho-，岁德神方位）整条吃光。

惠方卷源自江户时代末期为祈愿生意兴隆的大阪商人，战后不再流行，但 1974 年大阪紫菜商因石油恐慌而举行“粗卷寿司快吃竞赛”活动，引起大阪市民注目。1977 年大阪紫菜批发商工会又在道顿堀（どうとんぼり / Do-tonbori）举办紫菜促销活动，这风俗才在大阪正式复活。

可现今日本全国流行在节分吃惠方卷的鼻祖，则是日本 7-11（セブン - イレブン / Sebun-Irebun），1989 年广岛县某家 7-11 店主提出该创意，结果惠方卷大畅销。于是一些便利商店

➢ 全家人面带微笑无言地吃惠方卷

连锁店也跟着潮流走，逐渐自西国大阪流行至东国关东地区，甚至传至北国北海道。

至于日本南国冲绳（おきなわ / Okinawa）吃不吃惠方卷，我就不太清楚了。因为冲绳县被日本政府列为保护地域，无论日本全国性银行、便利商店还是报纸，都不能进冲绳县展开经济活动，所以冲绳县街头看不到 7–11 招牌。以上是我几年前到冲绳旅游时，自冲绳县那霸市（なはし / Nahashi）计程车司机口中听来的。

不过在冲绳县看不到 7–11 招牌的实际原因，似乎是由于该公司的经营战略。总之，冲绳县的银行、报社确实都跟内地不同，这大概也是冲绳县至今仍能保持她原有的南国面貌之因吧。而对我们这些内地人来说，冲绳可以说是日本的夏威夷。

初午祭

初午：はつうま / HatsuUma（二月第一个午日）

二月的第一个午日是稻荷神社（いなりじんじゃ／Inari Jinja）祭日。往昔江户时代，这天整个大江户都挂满红旗帜，鼓声不绝于耳，即便小孩子整天在街上敲鼓，大人也不会皱眉。街上时时可见大小鼓、“絵馬”（えま／Ema，绘马）叫卖摊贩，摊贩后跟着一大堆孩子。

各个町大门也挂了一对红旗帜及灯笼，房东煮糯米饭分送给房客，房客则各自在稻荷神社前供奉酒及糕点。稻荷神社也是武家人的“屋敷神”（やしきがみ／Yashikigami，宅邸神），每户武家宅邸内必定有座稻荷神社，而每个町至少有三四座稻荷神社。这天，平素门禁森严的“大名”（だいみょう／Daimyo-）、“旗本”府邸，也会门户大开，让人们参拜宅邸内的稻荷神社，并免费提供茶水和糕点。

一般口语都称稻荷神社为“お稲荷さん”（おいなりさん／Oinarisan），总社是京都伏见稻荷大社（ふしみいなりたいしゃ／Fushimi Inari taisha），与佐贺县（さがけん／Sagaken）祐德稻荷神社（ゆうとくいなりじんじゃ／Yu-toku Inari jinja）、茨城县（いばらきけん／Ibarakiken）笠间稻荷神社（かさまいなりじんじゃ／Kasama Inari jinja）并称日本三大稻荷。特征是红色“鳥居”（とりい／Torii），使者是“狐”（キツネ／Kitsune）。祭神是五谷丰穰神。

➢ 稻荷神社的使者：狐

平安时代起，京都人便有于“初午”参拜稻荷大社的习惯。稻荷神社祭祀的不仅是五谷丰穰神，也是锻造神，江户时代逐渐演变为保佑生意兴隆的庇护神。此外，更是保佑女性发迹的神祇，若女性想在社会出人头地，可以参拜一下稻荷神社。

全日本有四万个稻荷神社，若加上散布于各地的小祠堂、企业大厦屋顶或工厂角落的稻荷神社，则总计百万个以上。关东地区总社，亦是最有名的稻荷神社是东京都北区的王子稻荷神社（おうじいなりじんじゃ / O-ji Inari jinja）。

祭针节

针供養：はりくよう / Harikuyo-（二月八日）

“針供養”（针供养，即祭针节）是把家中一年来用过或折断、生锈的缝纫针，拿到全国各地的淡岛神社（あわしまじんじゃ / Awashima jinja）上供。神社方面会准备大豆腐或“コンニャク”（Konnyaku，蒟蒻）让参拜者插针。往昔没有缝纫机，衣物都是手缝，对妇女来说，裁缝箱是重要工具之一。江户时代，所有妇女在这天都要煮一锅芋头、蒟蒻、胡萝卜、白萝卜、牛蒡、烤豆腐、红豆的味噌汁，供奉在裁缝箱前慰劳。

而且这天不能做针线活，必须让针休息一天。现代日本妇女会做针线活的人比较少，一般家庭已失去此传统礼俗，但与衣物有关的行业或服装设计学校等，依然延续此惯例。

如果有人在这天前往东京浅草寺（せんそうじ / Senso-ji）

➤ 裁缝用具

观光，不妨顺便到淡岛堂（あわしまどう／Awashimado-）看看，那里人山人海，全是来上供缝纫针的女性。男性最好避而远之，因为这些女性手中都有针，小心被人家误认为是来“吃豆腐”的“痴汉”（ちかん／Chikan，色狼、性骚扰），给你暗刺一针。

上供了缝纫针后，回家做蒟蒻料理或“風呂吹き大根”（ふろふきだいこん／Furofuki daikon，风吕吹大根）吃，据说可以提高缝纫技术。

建国纪念日

建国記念の日：けんこくきねんのひ / Kenkoku kinen no hi

（二月十一日）

此节日，往昔称为纪元节（きげんせつ / Kigensetsu），也就是中文的国庆节。根据 720 年成书的《日本书纪》（にほんしょき / Nihonshoki，日本现存最古老的正史）记载，第一任神武天皇（じんむてんのう / Jinmutenno-）于公元前 660 年二月十一日即位，于是政府于明治六年（1873 年）将这天定为纪元节。

第二次世界大战后，此节日被美国占领军废除，1967 年才又正式恢复为建国纪念日。

情人节

バレンタインデー：Barentainde- / Valentine's Day（二月十四日）

二月十四日是情人节。西洋情人节最早是罗马的牧神节，男子在这天可以利用抽签方式选出本年度的恋人。3 世纪时，变成纪念殉道者圣瓦伦丁的日子，后来又演变为恋人之间互赠卡片或礼物的节日。

比起一般外国情人节的过节方式，日式情人节可能比较特殊一点。虽然同样是赠礼给恋人，可日本情人节的主角是女性，主动权在女生手中，礼物也以“チョコレート”（Chokore-to / 英文：chocolate，巧克力）为主。

这天，有八成左右的女生或忐忑不安、或煞有介事、或落落大方、或脉脉含情、或眉飞色舞……亲手将手中包装得精致可爱的巧克力赠给男生。

巧克力又分两种，“義理チョコ”（ぎりチョコ / Girichoko，义理巧克力）与“本命チョコ”（ほんめいチョコ / Honmeichoko，本命巧克力）。前者是半义务性或礼节性的巧克力，分发给公司男同事、上司、在工作上受益的客户；后者才是赠给真正的恋人、丈夫或暗恋对象的。这两种巧克力泾渭分明，“义理巧克力”通常是五百日元以下那种平日可见的巧克力，“本命巧克力”是亲手制、全球独一无二的，要不就是高级巧克力附赠礼物。

情人节赠送巧克力的风气起于 1958 年。这当然是巧克力商的主意，不过据说第一年只卖出三个心形巧克力。后来随着时代变迁，日本女性逐渐摆脱传统压抑与逆来顺受的意识，情人节才逐年蔚然成风，女生甚至干脆抢走主动权，不准男生在这天妄动，令所有男生在当天都只能听凭女生宰割。

1978 年，日本全国糖果点心工业工会才定了“ホワイトデー”（Howaitode- ／英文：White Day，白色情人节），于三月十四日让男生有公认的反击机会，用糖果饼干回复或拒绝女生的情意。

有项统计很有趣。据说，女生对于“本命”（ほんめい／Honmei）男生，除了送巧克力之外，大多还附上 CD、书、红酒、手表、服饰、手织毛线衣。看到最后一项手织毛线衣，我不禁莞尔。一直以为现代日本女生大概不会做这种招人怜爱的

▶ 情人节礼物

举动，没想到竟被列入六大礼物之中。

我记得读高中时，每逢情人节来临前一个月，班上大概有半数以上的女生都在上课时间或下课休息时，孜孜不倦地织毛线衣。老师在这时期也都视而不见，不会特意责难女同学。当时我也跟着人家凑热闹，学织毛线衣，可是往往一件毛线衣还未完成，情人节便过了。谁叫当时台湾地区的中学不教女学生织毛线衣。日本都是在小学就开始教，而我高中上的是烹饪课啊！（在我那个年代，日本学校只教女生这些家事，现在我儿子这些 20 世纪 80 年代出生的日本男生，小学起就得学缝纫、烹调。）

不过，继而想想，台湾高雄那种气候哪用得着毛线衣与围巾呢？这不是我读的中学不尽责，而是情况不同。还好高中毕业时，我已经能够熟练地织出围巾、背心和毛线衣了。

日式情人节对女生来讲的确是个特殊节日，这天女生可以借由巧克力向男生公开表示“我要追你”。可男生的心境呢？根据统计，有八成以上的男生喜欢吃巧克力，不过有半数男生表示“不想过情人节”。为什么？答案是：“这天俺的男性价值要遭到严厉考验啊。”男生抱怨得没错，万一当天连个义理巧克力都收不到，这个“俺”（おれ／Ore，日本男性自称）岂不等于被贴上无人问津的标签吗？

一般来讲，小学生乃至六十岁以上的女生，不管已婚未婚，大多都喜气洋洋地迎接情人节。可男生似乎对一个月后的“お返し”（おかえし／Okaeshi，返礼）很伤脑筋。若是义理巧克力，同样以义理饼干答谢即可。让人头痛的正是本命巧克力。倘若自己也暗恋对方，只要约对方一起进餐或选购首饰回赠女生，双方便不用绕远道，可以一拍即合。

难堪的是落花有意、流水无情的例子，而最难耐的是那种无法辨别“义理”与“本命”隐意的巧克力。看样子，男生似乎也有种种说不出口的苦衷。令人出乎意料的是唯一举双手赞成情人节的少数派，竟是六十岁以上的男性，他们肯定情人节的最大理由是：情人节能扎根，表示日本处于和平状态，是一种可喜的风气。

我个人当然是赞成派，只是除了高中时代赠给老师以及上班时代赠给上司与男同事的义理巧克力以外，我都没亲手做过本命巧克力。所以我有个妄想，想在八十岁过后到养老院“造反”，于情人节那天抛撒本命巧克力给真正无人问津的老头子，让他们返老还童一下。

生为女人，即使无法风流人间，也要活得浪漫一些，不是吗？

据说近两年来又多了一种“友チョコ”（ともチョコ/Tomochoko，朋友巧克力），这是女生在情人节送给女生的巧克力。不过这里头似乎也有等级，对象是挚友的话，送手制巧克力；普通朋友的话，送市面上卖的普通巧克力。在我看来，这比义理巧克力或本命巧克力还难应付。

万一，我认为对方是知己，却在当天收到一个普通巧克力，教人情何以堪？